2018 年度注册会计师全国统一考试·真题解析丛书

税法　考点深度解析与应试重点讲解

注册会计师全国统一考试命题深度研究与解析中心　主编

图书在版编目（CIP）数据

税法考点深度解析与应试重点讲解 / 注册会计师全国统一考试命题深度研究与解析中心主编. — 北京：企业管理出版社, 2017.12

ISBN 978-7-5164-1645-7

Ⅰ.①税… Ⅱ.①注… Ⅲ.①税法—中国—资格考试—自学参考资料 Ⅳ.①D922.22

中国版本图书馆CIP数据核字（2017）第301069号

书　　名：税法考点深度解析与应试重点讲解
作　　者：注册会计师全国统一考试命题深度研究与解析中心
责任编辑：聂无逸
书　　号：ISBN 978-7-5164-1645-7
出版发行：企业管理出版社
地　　址：北京市海淀区紫竹院南路17号　邮编：100048
网　　址：http://www.emph.cn
电　　话：总编室（010）68701719　发行部（010）68701816　编辑部（010）68701891
电子信箱：niewuyi88@sina.com
印　　刷：北京宝昌彩色印刷有限公司
经　　销：新华书店
规　　格：787毫米×1092毫米　16开本　12.75印张　228千字
版　　次：2018年1月第1版　2018年1月第1次印刷
定　　价：36.00元

前言

注册会计师考试（简称“CPA考试”）是根据《中华人民共和国注册会计师法》设立的职业资格考试，是国内目前公认难度最大、也是含金量最高的职业资格考试之一。

备战CPA考试是一个自我磨砺与提升的过程，通过率历来都比较低，但每年都有很多考生一次通过三门甚至更多，同时也有不少考生每每徘徊在58分、59分，与注册会计师证书只有一步之遥。如何有效备战CPA考试，每个人都有自己的心得体会，而研习历年真题则是每个考生的“必经之路”。

历年真题是质量最高的考试模拟，通过练习真题，我们能够更好把握考试重点、出题思路、考试难度和题型题量。可以说，历年真题是CPA考生的必备法宝。

为让更多考生能够顺利通过考试，有关专家们抓住2018年考试的核心考点，全面解析、突出重点，在过去真题详解的基础上增加了2017年注册会计师考试真题及解析的相关内容，以凸显内容的针对性。在本书中，我们紧扣CPA考试大纲和教材要求，并根据以往的命题规律，结合最新财税政策，进行详细而准确的解答。考生应当在学习完成所有考试知识点并针对性地完成相应章节练习题之后，在较全面的知识框架体系基础上进行历年真题的套题训练。

对历年真题的运用，我们提出以下建议：

（1）最近几年尤其是最近三年的真题具有重要意义，要充分重视。近三年真题展现了考试命题趋势与风格变化。考生朋友的备考时间无论再紧迫，建议您至少要完成最近三年的真题练习并及时总结经验和教训。

（2）切忌不定时、零碎化练习。CPA考试有严格的时间限制，知识点的考核难度不是很大，但要求熟练地掌握，考生想要在有限时间内高效完成考试离不开平时的规范练习，就真题训练而言，必须杜绝不定时、不完整的零碎化练习，一套真题需要定时且完整地完成，尤其是要克服只愿练习选择题而不做大题的犯懒心态，同时，我们建议您最好是在电脑上用计时器倒计时并在Word等软件上进行答案编辑，这样训练的效果会更好。

（3）寻找自己最有效率的做题顺序。不同的考生对做题顺序有不同偏好，部分考生认为简答题和综合题的难度不大且分值较高，从而选择先做简答题和综合题再做选择题，也有部分考生认为选择题的错误率高且对通过考试具有重要意义，从而选择按照试题顺序做题。这两种做题顺序不存在绝对的好与坏，更重要的是个人习惯，因此我们建议考生最少对两种做题顺序都分别进行至少一套真题的练习，在规定的时间内完成后，对比两种顺序下的做题效果。

（4）真题练习不宜过早。真题练习的时间非常重要，切忌过早进行真题的套题训练，一般在考试前半个月内进行练习比较好，一方面可以对知识点进行查漏补缺，另一方面可以保持真题训练的“最佳手感”与考试状态，过早练习不利于复习和激发考试临境感。

（5）反复练习真题，不要过多关注模拟题。真题的价值远远高于模拟题，非常值得考生反复练习，考试可以建立自己的错题本，错误的题目可以立马重复做几遍，达到一看就会一做就对的效果，这往往比隔段时间再做一遍会更有效果；时间紧急的情况下果断放弃模拟题而选择历年真题，时间充裕的情况下也不宜过多关注模拟题。

CPA考试难度较大，每年通过率较低，对考生的基本知识掌握情况有很高的要求，也需要考生有较好的应试技巧与备考心态。无论是对于专业考生还是零基础考生而言，备战CPA考试都是一个比较漫长的道路，需要提前做准备，企图靠临时冲刺来通过此门考试基本是不可能的。所以，对于CPA考试，我们为考生朋友提供如下备考建议：

首先，进行全面学习和知识点的巩固练习，这是最为重要的阶段。以中国注册会计师协会指定的教材为核心并结合相关考试资料，在八月下旬之前将各科知识过一遍，每一科目学完一章后要及时完成相应知识点练习。在第一次过课本时要将知识点全部覆盖到，同时建立起知识框架，进行知识点的总结，切忌赶速度而不顾质量；经济法、公司战略、审计等强调记忆的学科需要在第一遍学习时就有意识地记忆；值得注意的是，每章知识点学习完成后最好配合相应的巩固和练习，要有适当的练习量，光学知识点而不做题目很可能带来极低的成效。

其次，从八月下旬开始，主要以做套题为主，同时，需要记忆的科目要加强知识点的记忆和巩固。这个阶段的主要工作就是在做历年真题的同时回到课本中复习相应的知识点，精确理解知识点，在第一阶段框架的基础上进行填充细节的工作，此时特别要注意做题时求精不求多，要善于总结归纳。审计、经济法、公司战略这几个科目需要熟练记忆，在该阶段要加强理解，并进行背诵与反复回顾。

“宝剑锋从磨砺出、梅花香自苦寒来。”CPA考试没有捷径，只有一步一个脚印、踏踏实实复习备战，才有可能顺利通过考试。最后预祝广大考生们取得好成绩!

由于编者水平和时间的限制，本套真题解析可能多有疏漏，敬请读者批评指正。

编者

2017年12月

目录

2017年度注册会计师全国统一考试·税法考试真题

一、单项选择题

1. 下列占用耕地的行为中，免征耕地占用税的是（　）。

A. 公立医院占用耕地

B. 铁路线路占用耕地

C. 农村居民新建住宅占用耕地

D. 民用飞机场跑道占用耕地

2. 国内某大学教授取得的下列所得中，免予征收个人所得税的是（　　）。

A. 因任某高校兼职教授取得的课酬

B. 按规定领取原提存的住房公积金

C. 因拥有持有期不足1年的某上市公司股票取得的股息

D. 被学校评为校级优秀教师获得的资金

3. 下列支出在计算企业所得税应纳税所得额时，准予按规定扣除的是（　　）。

A. 企业之间发生的管理费支出

B. 企业筹建期间发生的广告费支出

C. 企业内营业机构之间发生的特许权使用费支出

D. 企业内营业机构之间发生的租金支出

4. 下列合同中，应按照"技术合同"税目征收印花税的是（　　）。

A. 工程合同

B. 会计制度咨询合同

C. 税务筹划咨询合同

D. 经济法律咨询合同

5. 某个体工商户发生的下列支出中，允许在个人所得税税前扣除的是（　　）。

A. 家庭生活用电支出

B. 直接向某灾区小学的捐赠

C. 已缴纳的城市维护建设税及教育费附加

D. 代公司员工负担的个人所得税税款

6. 下列车船中，享受减半征收车船税优惠的是（　　）。

A. 纯电动汽车

B. 燃料电池汽车

C. 符合规定标准的节约能源乘用车

D. 使用新能源的混合动力汽车

7. 下列关于车辆购置税最低计税价格核定的表述中，正确的是（　　）。

A. 最低计税价格是由省国家税务局核定的

B. 最低计税价格是参照企业生产成本价格核定的

C. 非贸易渠道进口车辆的最低计税价格为同类型新车的平均计税价格

D. 最低计税价格是参照市场平均交易价格核定的

8. 下列增值税纳税人中，以 1 个月为纳税期限的是（　　）。

A. 商业银行

B. 财务公司

C. 信托投资公司

D. 保险公司

9. 企业发生的下列行为中，需要计算缴纳增值税的是（　　）。

A. 取得存款利息

B. 获得保险赔偿

C. 取得中央财政补贴

D. 收取包装物租金

10. 下列成品油中，暂缓征收消费税的是（　　）。

A. 石脑油

B. 溶剂油

C. 航空煤油

D. 润滑油

11. 某企业 2016 年 3 月投资 1500 万元取得 5 万平方米的土地使用权，用于建造面积为 3 万平方米的厂房，建筑成本和费用为 2000 万元，2016 年底竣工验收并投入使用。对该厂房征收房产税时所确定的房产原值是（　　）。

A. 2900万元

B. 3500万元

C. 5000万元

D. 3800万元

12. 下列出口货物成交价格包含的税收和费用中，应计入出口货物关税完税价格的是（　　）。

A. 出口关税税额

B. 单独列明支付给境外的佣金

C. 货物运至我国境内输出地点装载前的运输费用

D. 我国离境口岸至境外口岸之间的保险费

13. 根据《税收征收管理法》中延期缴纳税款制度的规定，下列表述中正确的是（　　）。

A. 批准的延期期限内加收滞纳金

B. 延期缴纳的同一笔税款不得滚动审批

C. 延期缴纳税款的期限最长不得超过30天

D. 延期缴纳税款必须经县级税务机关批准

14. 纳税人对税务机关做出的下列行政行为不服时，应当先向行政复议机关申请复议后，才可以向人民法院提起行政诉讼的是（　　）。

A. 加收滞纳金

B. 税收保全措施

C. 处以税款50%的罚款

D. 强制执行措施

15. 下列关于双重居民身份下最终居民身份判定标准的排序中，正确的是（　　）。

A. 永久性住所、重要利益中心、习惯性居处、国籍

B. 重要利益中心、习惯性居处、国籍、永久性住所

C. 国籍、永久性住所、重要利益中心、习惯性居处

D. 习惯性居处、国籍、永久性住所、重要利益中心

16. 某烟草公司2017年8月8日支付烟叶收购价款88万元，另向烟农支付了价

外补贴 10 万元。该烟草公司 8 月收购烟叶应缴纳的烟叶税为（　　）。

A. 17.6 万元

B. 19.36 万元

C. 21.56 万元

D. 19.6 万元

17. 下列税法要素中，规定具体征税范围、体现征税广度的是（　　）。

A. 税率

B. 税目

C. 纳税环节

D. 征税对象

18. 对下列增值税应税行为计算销项税额时，按照全额确定销售额的是（　　）。

A. 贷款服务

B. 金融商品转让

C. 一般纳税人提供客运场站服务

D. 经纪代理服务

19. 下列消费品中，应在零售环节征收消费税的是（　　）。

A. 钻石

B. 卷烟

C. 镀金首饰

D. 高档手表

20. 赠与房屋时，确定契税计税依据所参照的价格或价值是（　　）。

A. 房屋原值

B. 摊余价值

C. 协议价格

D. 市场价格

21. 下列国际组织或机构中发布了《金融账户涉税信息自动交换标准》的是（　　）。

A. 联合国

B. 世界银行

C. 经济合作与发展组织

D. 世界贸易组织

22. 下列税种中，由国家税务局系统负责征收的是（　　）。

A. 房产税

B. 车船税

C. 车辆购置税

D. 船舶吨税

23. 对个人代销彩票取得的所得计征个人所得税时，适用的所得项目是（　　）。

A. 劳务报酬所得

B. 工资、薪金所得

C. 对企事业单位的承包经营、承租经营所得

D. 个体工商户的生产、经营所得

24. 某企业 2016 年度拥有位于市郊的一宗地块，其地上面积为 1 万平方米，单独建造的地下建筑面积为 4 千平方米（已取得地下土地使用权证）。该市规定的城镇土地使用税税率为 2 元 / 平方米。则该企业 2016 年度就此地块应缴纳的城镇土地使用税为（　　）。

A. 0.8 万元

B. 2 万元

C. 2.8 万元

D. 2.4 万元

二、多项选择题

1. 下列关于城镇土地使用税纳税义务发生时间的表述中，正确的有（　　）。

A. 纳税人新征用的非耕地，自批准征用次月起缴纳城镇土地使用税

B. 纳税人购置新建商品房，自房屋交付使用之次月起缴纳城镇土地使用税

C. 纳税人新征用的耕地，自批准征用之日起满 6 个月时开始缴纳城镇土地使用税

D. 纳税人出租房产，自合同约定应付租金日期的次月起缴纳城镇土地使用税

2. 下列人员取得的工资薪金所得中，适用个人所得税附加减除费用的有（　　）。

A. 在我国境内事业单位工作的外籍雇员

B. 在我国境内有住所而在中国境外任职的个人

C. 在我国境内的外商投资企业和外国企业中工作的外籍人员

D. 在我国境内的外商投资企业和外国企业中工作的中方人员

3. 下列关于企业股权收购重组的一般性税务处理的表述中，正确的有（　　）。

A. 被收购方应确认股权的转让所得或损失

B. 被收购企业的相关所得税事项原则上保持不变

C. 收购方取得被收购方股权的计税基础以被收购股权的原有计税基础确定

D. 收购方取得股权的计税基础应以公允价值为基础确定

4. 下列支出中，可作为长期待摊费用核算的有（　　）。

A. 固定资产的大修理支出

B. 足额提取折旧的固定资产的改建支出

C. 租入固定资产的改建支出

D 接受捐赠固定资产的改建支出

5. 下列关于税收情报交换的表述中，正确的有（　　）。

A. 税收情报应作密件处理

B. 税收情报涉及的事项可以溯及税收协定生效并执行之前

C. 我国从缔约国主管当局获取的税收情报可以作为税收执法行为的依据

D. 税收情报交换在税收协定规定的权利和义务范围内进行

6. 下列合同中，按照印花税产权转移书据税目计征印花税的有（　　）。

A. 土地使用权出让合同

B. 非专利技术转让合同

C. 版权转移书据出让合同

D. 土地使用权转让合同

7. 下列方式获取的房屋权属中，可以免征契税的有（　　）。

A. 以实物交换取得的房屋权属

B. 因买房拆料取得的房屋权属

C. 全资子公司承受的母公司划转的房屋权属

D. 债权人承受破产企业抵偿债务的房屋权属

8. 增值税一般纳税人发生的下列业务中，可以选择适用简易计税方法的有（　　）。

A. 提供装卸搬运服务

B. 提供文化体育服务

C. 提供公共交通运输服务

D. 提供税务咨询服务

9. 下列关于税法原则的表述中，正确的有（　　）。

A. 税收法定原则是税法基本原则中的核心

B. 税收效率原则要求税法的制定要有利于节约税收征管成本

C. 制定税法时禁止在没有正当理由的情况下给予特定纳税人特别优惠这一做法体现了税收公平原则

D. 税收行政法规的效力优于税收行政规章的效力体现了法律优位原则

10. 下列关于城市维护建设税纳税地点的表述中，正确的有（　　）。

A. 纳税人应在增值税和消费税的纳税地缴纳

B. 纳税人跨地区提供建筑服务的，在建筑服务发生地预缴

C. 跨省开采的油田，下属生产单位与核算单位不在一个省内的，在核算单位所在地纳税

D. 无固定纳税地点的流动经营者应随同增值税和消费税在经营地缴纳

11. 根据《税收征收管理法》规定，下列属于纳税申报对象的有（　　）。

A. 代扣代缴义务人

B. 享受减税的纳税人

C. 纳税期内没有应纳税款的纳税人

D. 享受免税的纳税人

12. 跨境电子商务零售进口商品按照货物征收关税，下列企业可以作为代收代缴义务人的有（　　）。

A. 物流企业

B. 商品生产企业

C. 电子商务交易平台企业

D. 电子商务企业

13. 根据现行税务行政处罚规定，下列属于税务行政处罚的有（　　）。

A. 行政罚款

B. 加收滞纳金

C. 没收财物违法所得

D. 停止出口退税权

14. 纳税人发生的下列行为中，应征收消费税的有（　　）。

A. 酒厂将自产的白酒赠送给客户

B. 烟厂将自产的烟丝用于连续生产卷烟

C. 汽车制造厂将自产的小汽车用于工厂内部的行政部门

D. 原油加工厂将自产的柴油用于调和生产生物柴油

三、计算分析题

1. 某石化企业为增值税一般纳税人，2017 年 4 月发生以下业务：

（1）从国外某石油公司进口原油 50000 吨，支付不含税价款折合人民币 9000 万元，其中包含包装费及保险费折合人民币 10 万元。

（2）开采原油 1000 吨，并将开采的原油对外销售 6000 吨，取得含税销售额 2340 万元，同时向购买方收取延期付款利息 2.34 万元、包装费 1.17 万元，另外支付运输费用 7.02 万元。

（3）将开采的原油 1000 吨通过关联公司对外销售，关联公司的对外含税售价为 0.39 万元 / 吨。

（4）用开采的原油 2000 吨加工生产汽油 1300 吨。

（其他相关资料：原油的资源税税率为 10%）。

要求：

根据上述资料，按照下列序号回答问题，如有计算需计算出合计数。

（1）说明业务（1）中该石化企业是否应对从国外某石油公司进口的原油计算缴纳资源税，如需要计算缴纳，计算应缴纳的资源税额。

（2）计算业务（2）应缴纳的资源税额。

（3）计算业务（3）应缴纳的资源税额。

（4）计算业务（4）应缴纳的资源税额。

2. 李某是甲企业的中层管理人员，2016年发生了以下经济行为：

（1）1月李某与企业解除劳动合同，取得企业给付的一次性补偿收入96000元（含“三险一金”）。

（2）2月李某承包了甲企业的招待所，按照合同规定，招待所的年经营利润（不含工资）全部归李某所有，但是其每年应该上缴承包费20000元。李某每月可从经营收入中支取工资4000元。当年招待所实现经营利润85000元。

（3）3月李某将承租的一套住房转租给他人居住。李某承租的住房租金为每月2000元（有房屋租赁合同和合法支付凭据），其转租的租金收入为每月3000元。

（4）4月李某应邀为乙培训机构授课，按照合同规定，共计授课4次，每次课酬6000元，培训机构已按规定支付了课酬。

（其他相关资料：李某在甲企业的工作年限为12年，当地上年职工平均工资为32000元）。

附：个体工商户的生产经营所得和对企事业单位的承包经营、承租经营所得个人所得税税率表：

级数	全年含税应纳税所得额	税率（%）	速算扣除数
1	不超过15000元的	5	0
2	超过15000元~30000元	10	750
3	超过30000~60000元	20	3750
4	超过60000元~100000元	30	9750
5	超过100000元的部分	35	14750

要求：

根据上述资料，按照下列序号回答问题，如有计算需计算出合计数。

（1）回答李某取得的一次性补偿收入是否需要缴纳个人所得税并说明理由。

（2）计算李某经营招待所应纳的个人所得税。

（3）回答李某转租住房向房屋出租方支付的租金是否允许在税前扣除及具体规定。

（4）按次序写出转租收入应纳个人所得税的税前扣除项目。

（5）计算李某取得的课酬应纳的个人所得税。

3. 2017 年 4 月，税务机关对某房地产开发公司开发的房产项目进行土地增值税清算。该房地产开发公司提供的资料如下：

（1）2016 年 6 月以 17760 万元拍得一宗土地使用权，并缴纳了契税。

（2）自 2016 年 7 月起，对受让土地 50% 的面积进行一期项目开发，发生开发成本 6000 万元、管理费用 200 万元、销售费用 400 万元、银行贷款凭证显示利息支出 600 万元，允许扣除的有关税金及附加 290 万元。

（3）2017 年 3 月该项目实现全部销售，共计取得不含税收入 31000 万元。

（其他相关资料：当地适用的契税税率为 5%，不考虑土地价款抵减增值税销售额的因素，该项目未预缴土地增值税）。

要求：

根据上述资料，按照下列序号回答问题，如有计算需计算出合计数。

（1）简要说明房地产开发成本包含的项目。

（2）简要说明房地产开发费用的扣除标准。

（3）计算该公司清算土地增值税时允许扣除的土地使用权支付金额。

（4）计算该公司清算土地增值税时允许扣项目金额的合计数。

（5）计算该公司清算土地增值税时应缴纳的土地增值税。

4. 甲礼花厂 2017 年 6 月发生如下业务：

（1）委托乙厂加工一批焰火，甲厂提供原材料成本为 37.5 万元。当月乙厂将加工完毕的焰火交付甲厂，开具增值税专用发票注明收取加工费 5 万元。

（2）将委托加工收回的焰火 60% 用于销售，取得不含税销售额 38 万元，将其余的 40% 用于连续生产 A 型组合焰火。

（3）将生产的 A 型组合焰火的 80% 以分期收款方式对外销售，合同约定不含税销售额 36 万元，6 月 28 日收取货款的 70%。7 月 28 日收取货款的 30%。当月货款尚未收到。另将剩余的 20% 焰火赠送给客户。

（其他相关资料：焰火消费税税率为 15%）。

要求：

根据上述资料，按照下列序号回答问题，如有计算需计算出合计数。

（1）计算业务（1）中乙厂应代收代缴的消费税。

（2）判断业务（2）中用于销售的焰火是否应缴纳消费税并说明理由，如果需要缴纳，计算应缴纳的消费税。

（3）计算业务（3）中赠送客户焰火计征消费税计税依据的金额。

（4）计算业务（3）中准予扣除的已纳消费税税款。

（5）计算业务（3）应缴纳的消费税。

四、综合题

1. 位于甲省某市区的一家建筑企业为增值税一般纳税人，在乙省某市区提供写字楼和桥梁建造业务，2017 年 4 月具体经营业务如下：

（1）该建筑企业对写字楼建造业务选择一般计税方法，按照工程进度及合同约定，本月取得含税金额 3000 万元并给业主开具了增值税专用发票。由于该建筑企业将部分业务进行了分包，本月支付分包含税金额 1200 万元，取得分包商（采用一般计税方法）开具的增值税专用发票。

（2）桥梁建造业务为甲供工程，该建筑企业对此项目选择了简易计税方法。本月收到含税金额 4000 万元并开具了增值税普通发票，该建筑企业将部分业务进行了分包，本月支付分包含税金额 1500 万元，取得分包商开具的增值税普通发票。

（3）从国外进口一台机器设备，国外买价折合人民币 80 万元，运抵我国入关前支付的运费折合人民币 4.2 万元，保险费折合人民币 3.8 万元。入关后运抵企业所在地，取得运输公司开具的增值税专用发票注明运费 1 万元、税额 0.11 万元，该进口设备既用于一般计税项目也用于简易计税项目，该企业未分开核算。

（4）将购进的一批瓷砖用于新建的自建综合办公大楼在建工程，该批瓷砖为 2017 年 1 月购进，取得经税务机关认证的增值税专用发票注明增值税税额为 40 万元，已计入 2017 年 1 月的进项税额进行抵扣。

（5）发生外地出差住宿费支出价税合计 6.36 万元，取得增值税一般纳税人开具的增值税专用发票，发生餐饮费支出价税合计 3 万元，取得增值税普通发票。

（其他相关资料，假定关税税率为 10%，上述业务涉及的相关票据均已通过主管税务机关比对认证。）

要求：

根据上述资料，按照下列顺序计算回答问题，如有计算需计算出合计数。

（1）计算业务（1）企业在乙省应预缴的增值税。

（2）计算业务（1）的销项税额。

（3）计算业务（2）企业在乙省应预缴的增值税。

（4）分别计算业务（3）企业应缴纳的关税、增值税。

（5）计算业务（4）企业进项税额转出金额。

（6）计算业务（5）可抵扣的增值税进项税额。

（7）计算企业当月增值税进项税额合计。

（8）计算企业当月增值税应纳税额。

（9）计算企业应向总部机构所在地主管税务机关缴纳的增值税。

（10）计算企业应向总部机构所在地主管税务机关缴纳的城市维护建设税、教育费附加和地方教育费附加。

2. 某电器生产企业为增值税一般纳税人，2016 年度会计自行核算取得营业收入 25000 万元、营业外收入 3000 万元、投资收益 1000 万元，扣除营业成本 12000 万元、营业外支出 1000 万元、税金及附加 300 万元、管理费用 6000 万元、销售费用 5000 万元、财务费用 2000 万元，企业自行核算实现年度利润总额 2700 万元。

2017 年初聘请某会计师事务所进行审计，发现如下问题：

（1）2 月 28 日企业签订租赁合同将一处价值 600 万元的仓库对外出租，取得不含税租金收入 30 万元，未计算缴纳房产税和印花税。

（2）与境内关联企业签订资产交换协议，以成本 300 万元，不含税售价 400 万元的中央空调换入等值设备一台，会计上未做收入核算，未计算缴纳印花税。

（3）管理费用和销售费用中含业务招待费 500 万元，广告费 3000 万元。

（4）上年结转未抵扣的广告费 850 万元。

（5）管理费用中含新产品研究开发费用 2000 万元。

（6）计入成本、费用的实发工资 8000 万元。拨缴职工工会经费 150 万元，发生职工福利费 1200 万元、职工教育经费 250 万元。

（7）该企业接受境内关联企业甲公司权益性投资金额 2000 万元。2016 年以年利率 6% 向甲公司借款 5000 万元，支付利息 300 万元计入财务费用，金融机构同期同类贷款利率为 5%，该企业实际税负高于甲公司，并无法提供资料证明其借款活动符合独立交易原则。

（8）营业外支出中含通过中国青少年发展基金会援建希望小学捐款 400 万元，并取得合法票据。

（9）购进属于《安全生产专用设备企业所得税优惠目录》规定的安全生产专用设备，取得增值税专用发票，注明价款 500 万元、进项税额 85 万元。

（其他相关资料：当地房产税规定房产余值减除比例为 30%，购销合同印花税税率 0.3‰，财产租赁合同印花税税率为 1‰，各扣除项目均已取得有效凭证，相关优惠已办理必要手续。）

要求：

根据上述资料，按照下列顺序计算回答问题，如有计算需计算出合计数。

（1）计算业务（1）应缴纳的房产税和印花税。

（2）计算业务（2）应缴纳的印花税。

（3）计算该企业 2016 年度的会计利润总额。

（4）计算广告费支出应调整的应纳税所得额。

（5）计算业务招待费支出应调整的应纳税所得额。

（6）计算研发费用应调整的应纳税所得额。

（7）计算工会经费、职工福利费和职工教育经费应调整的应纳税所得额。

（8）计算利息支出应调整的应纳税所得额。

（9）计算公益性捐赠应调整的应纳税所得额。

（10）计算该企业 2016 年度的应纳税所得额。

（11）计算该企业 2016 年度应缴纳的企业所得税税额。

2017年度注册会计师全国统一考试·税法考试真题
参考答案深度全面解析与应试重点

一、单项选择题

1.【参考答案】A

【本题考点】耕地占用税的税收优惠

【解析】(一)、免征耕地占用税

1．军事设施占用耕地。

2．学校、幼儿园、养老院、医院占用耕地。

(二)、减征耕地占用税

1．铁路线路、公路线路、飞机场跑道、停机坪、港口、航道占用耕地，减按每平方米2元的税额征收耕地占用税。

2．农村居民占用耕地新建住宅，按照当地适用税额减半征收耕地占用税。

故本题选A。

2.【参考答案】B

【本题考点】免征个人所得税的优惠

【解析】 一、免征个人所得税的优惠

1. 省级人民政府、国务院部委、和中国人民解放军军以上单位，以及外国组织颁发的科学、教育、技术、文化、卫生、体育、环境保护等方面的奖金。

2. 国债和国家发行的金融债券利息，以及2009-2011发行的地方政府债券利息。

3. 按国家统一规定发给的补贴、津贴。(两院院士的特殊津贴每人每年1万元)

4. 福利费、抚恤金、救济金。

5. 保险赔款。

6. 军人的转业费、复员费。

7. 离退休工资。

8. 驻华使馆、领事馆的人员的所得免税。

9. 中国政府参加的国际公约以及签订的协议中规定免税的所得。

10. 政府或够条件的机构发放的见义勇为奖金。

11. 企业和个人按照省级以上人民政府规定的标准，以个人工资中的部分作为社会保险（住房、医疗、失业、养老）免税。

个人领取原提存的住房公积金、医疗保险金、基本养老保险金时，免予征收个人所得税。

故选项 B 正确。

选项 A：按劳务报酬征收个人所得税。

选项 C：自 2015 年 9 月 8 日起，个人从公开发行和转让市场取得的上市公司股票，持股期限在 1 个月以上至 1 年（含 1 年）的，暂减按 50% 计入应纳税所得额，选项 C 按利息、股息、红利所得减按 50% 征收个人所得税。

选项 D：按工资、薪金所得征收个人所得税。

3.【参考答案】B

【本题考点】企业所得税前不得扣除的项目

【解析】企业之间支付的管理费、企业内营业机构之间支付的租金和特许权使用费，以及非银行企业内营业机构之间支付的利息，不得扣除。选项 A、C、D 错误。

故选项 B 正确，企业筹建期间发生的广告费支出准予扣除。

4.【参考答案】A

【本题考点】印花税

【解析】技术合同包括技术开发、转让、咨询、服务等合同。其中：

技术咨询合同是合同当事人就有关项目的分析、论证、评价、预测和调查订立的技术合同，而一般的法律、会计、审计等方面的咨询不属于技术咨询，其所立合同不贴印花。

本题中选项 B、C、D 为一般的法律、会计、审计等方面的咨询，不属于技术咨询，不征收印花税。

选项 A 属于技术合同。

5.【参考答案】C

【本题考点】个体工商户生产经营所得税前不得扣除的项目

【解析】个体工商户下列支出不得扣除：

（一）个人所得税税款；

（二）税收滞纳金；

（三）罚金、罚款和被没收财物的损失；

（四）不符合扣除规定的捐赠支出；

（五）赞助支出；

（六）用于个人和家庭的支出；

（七）与取得生产经营收入无关的其他支出；

（八）国家税务总局规定不准扣除的支出。

选项 A 属于（六）用于个人和家庭的支出；

选项 B 属于（四）不符合扣除规定的捐赠支出；

选项 D 为（一）个人所得税税款；

选项 C 正确。

6.【参考答案】C

【本题考点】车船税税收优惠政策

【解析】对节约能源车船，减半征收车船税。选项 C 正确。

选项 A、B、D 为新能源车船，免征车船税。

7.【参考答案】D

【本题考点】车辆购置税最低计税价格

【解析】最低计税价格是国家税务总局参照应税车辆市场平均交易价格核定的车辆购置税计税价格。故选项 A、B 错误，选项 D 正确。

选项 C：非贸易渠道进口车辆的最低计税价格，为同类型新车的最低计税价格。选项 C 错误。

8.【参考答案】D

【本题考点】增值税纳税期限的规定

【解析】以 1 个季度为纳税期限的规定适用于小规模纳税人、银行、财务公司、信托投资公司、信用社，以及财政部和国家税务总局规定的其他纳税人。选项 A、B、C 错误，纳税期限为 1 个季度。

选项 D 正确，纳税期限为 1 个月。

9.【参考答案】D

【本题考点】增值税征税范围

【解析】选项 A、B、C 均不属于增值税征税范围，选项 D 收取包装物租金需要计算缴纳增值税，包装物租金属于含税金额，计税时应先将其换算为不含税销售额再计算税额。

10.【参考答案】C

【本题考点】消费税税目

【解析】航空煤油属于成品油税目下的子目，目前航空煤油的消费税暂缓征收。

选项 A、B、D 均为成品油税目下的子目，需要征收缴纳消费税。

11.【参考答案】B

【本题考点】房产税计税依据

【解析】房产税按照房产原值计税的，无论会计上如何核算，房产原值均应包含地价，包括为取得土地使用权支付的价款、开发土地发生的成本费用等。宗地容积率低于 0.5 的，按房产建筑面积的 2 倍计算土地面积并据此确定计入房产原值的地价。

本题宗地容积率为 0.6，大于 0.5，故房产原值 =1500+2000=3500（万元），选项 B 正确。

12.【参考答案】C

【本题考点】出口货物的完税价格

【解析】出口货物的完税价格由海关以该货物的成交价格为基础审查确定，并且应当包括货物运至中华人民共和国境内输出地点装载前的运输及其相关费用、保险费。选项 C 正确。

下列税收、费用不计入出口货物的完税价格：（一）出口关税；（二）在货物价款中单独列明的货物运至中华人民共和国境内输出地点装载后的运输及其相关费用、保险费。选项 A、D 错误。

出口货物的成交价格中含有支付给境外的佣金，如果单独列明的，应当扣除。选项 B 错误。

13.【参考答案】B

【本题考点】延期缴纳税款制度

【解析】选项 A：纳税人在批准延期缴纳税款的期限内，不加收滞纳金；逾期未缴的，税务机关将从批准的期限届满次日起，按日加收未缴税款万分之五的滞纳金。A 错误。

选项 B：同一笔税款不得滚动审批。选项 B 正确。

选项 C、D:《税收征管法》第三十一条规定，纳税人因有特殊困难，不能按期缴纳税款的，经省、自治区、直辖市国家税务局、地方税务局（包括计划单列市国家税务局、地方税务局）批准，可以延期缴纳税款，但是最长不得超过三个月。选项C、D错误。

14.【参考答案】A

【本题考点】税务行政复议

【解析】纳税人、扣缴义务人、纳税担保人同税务机关在纳税上发生争议时，必须先按照税务机关的纳税决定缴纳或者解缴税款及滞纳金或者提供相应的担保，然后可以依法申请行政复议，对行政复议决定不服的，可以依法向人民法院起诉。选项A正确，为纳税行为。

当事人对税务机关的处罚决定、强制执行措施或者税收保全措施不服的，可以依法申请税务行政复议，也可以依法向人民法院起诉。选项B、C、D错误。

15.【参考答案】A

【本题考点】国际税收协定典型条款介绍

【解析】居民应是在一国负有全面纳税义务的人，这是判断居民身份的必要条件。双重居民身份下最终居民身份的判定标准：依次是：永久性住所；重要利益中心；习惯性居处；国籍。当采用上述标准依次判断仍然无法确定其身份时，可由缔约国双方主管当局按照协定规定的相互协商程序协商解决。选项A正确。

16.【参考答案】B

【本题考点】烟叶税应纳税额的计算

【解析】烟叶税应纳税额 = 烟叶收购金额 × 税率，所称“收购金额”，包括纳税人支付给烟叶销售者的烟叶收购价款和价外补贴，价外补贴统一暂按烟叶收购价款的10%计入收购金额征税。烟叶税税率为20%。

本题，应纳税额 = 收购金额 × 税率 = 收购价款 ×（1+10%）×20%=88×1.1×0.2=19.36（万元）。选项B正确。

17.【参考答案】B

【本题考点】税法要素

【解析】税目，是征税对象的具体化，是税法中对征税对象分类规定的具体征税品种和项目。如消费税就设有烟、酒和酒精、化妆品等税目。税目体现征税的广度。

18.【参考答案】A

【本题考点】增值税按差额确定销售额

【解析】以下项目按差额确定销售额：

1 金融商品转让销售额 2 经纪代理服务 3 融资租赁业务 4 融资性售后回租服务 5 原有形动产融资性售后回租服务 6 航空运输企业 7 客运场站服务 8 旅游服务；

选项 B、C、D 属于按差额确定销售额，错误。

选项 A，以提供贷款服务取得的全部利息及利息性质的收入为销售额，正确。

19.【参考答案】A

【本题考点】消费税的纳税环节

【解析】自 1995 年 1 月 1 日起，金银首饰消费税的纳税环节由生产销售环节征收改为零售环节征收，金、银和金基、银基合金首饰，以及金、银和金基、银基合金的镶嵌首饰包括钻石及钻石饰品在零售环节征收消费税。选项 A 正确。

选项 B：卷烟在生产销售、批发环节征收消费税，选项 B 错误。

选项 C：在零售环节征收消费税的金银首饰的范围不包括镀金（银）、包金（银）首饰，以及镀金（银）、包金（银）的镶嵌首饰，选项 C 错误。

选项 D：高档手表在生产销售环节征收消费税，选项 D 错误。

20.【参考答案】D

【本题考点】契税的计税依据

【解析】土地使用权赠与、房屋赠与、契税的计税依据由征收机关参照土地使用权出售、房屋买卖的市场价格核定。选项 D 正确。

21.【参考答案】C

【本题考点】国际税收征管协作

【解析】《金融账户涉税信息自动交换标准》由经济合作与发展组织（OECD）发布。

22.【参考答案】C

【本题考点】税收征收管理范围划分

【解析】选项 A、B：地方税务局系统负责征收和管理。

选项 C：国家税务局系统负责征收和管理，选项 C 正确。

选项 D：海关系统负责征收和管理。

23.【参考答案】D

【本题考点】个人所得税征税范围

【解析】个人从事彩票代销业务而取得的所得，应按照“个体工商户的生产、经营所得”项目计算缴纳个人所得税。选项 D 正确。

24.【参考答案】D

【本题考点】城镇土地使用税应纳税额的计算

【解析】城镇土地使用税全年应纳税额 = 实际占用应税土地面积（平方米）× 适用税额，对在城镇土地使用税征税范围内单独建造的地下建筑用地，暂按应征税款的 50% 征收城镇土地使用税。故本题全年应纳税额 =1×2+0.4×2×50%=2.4（万元），选项 D 正确。

二. 多项选择题

1.【参考答案】A、B

【本题考点】城镇土地使用税纳税义务发生时间

【解析】选项 A：纳税人新征用的非耕地，自批准征用次月起，缴纳城镇土地使用税，正确。

选项 B：纳税人购置新建商品房，自房屋交付使用之次月起计征城镇土地使用税，正确。

选项 C：纳税人新征用的耕地，自批准征用之日起满 1 年时，开始缴纳城镇土地使用税，错误。

选项 D：纳税人出租、出借房产，自交付出租、出借房产之次月起计征城镇土地使用税，错误。

2.【参考答案】A、B、C

【本题考点】个人所得税附加减除费用适用的范围

【解析】税法第六条第三款所说的附加减除费用适用的范围，是指：

（一）在中国境内的外商投资企业和外国企业中工作的外籍人员；

（二）应聘在中国境内的企业、事业单位、社会团体、国家机关中工作的外籍专家；

（三）在中国境内有住所而在中国境外任职或者受雇取得工资、薪金所得的个人；

（四）国务院财政、税务主管部门确定的其他人员。

故本题 A、B、C 正确。

3.【参考答案】A、B、D

【本题考点】企业重组的一般性税务处理方法

【解析】企业重组的一般性税务处理方法下，企业股权收购、资产收购重组交易，相关交易应按以下规定处理：

1. 被收购方应确认股权、资产转让所得或损失。

2. 收购方取得股权或资产的计税基础应以公允价值为基础确定。

3. 被收购企业的相关所得税事项原则上保持不变。

故本题A、B、D正确。

4.【参考答案】A、B、C

【本题考点】长期待摊费用的税务处理

【解析】《企业所得税法》第十三条规定，企业发生的下列支出作为长期待摊费用按照规定摊销的，准予扣除：

1. 已足额提取折旧的固定资产的改建支出；

2. 租入固定资产的改建支出；

3. 固定资产的大修理支出；

4. 其他应当作为长期待摊费用的支出。

5.【参考答案】A、B、C、D

【本题考点】税收情报交换

【解析】情报交换有关函件的传递应作密件处理，但可以在法庭诉讼程序或法庭判决中透露有关情报，选项A、C正确。

税收情报涉及的事项可以溯及税收协定生效并执行之前，选项B正确。

税收情报交换在税收协定的权利和义务范围内进行，应在税收协定生效并执行以后进行，选项D正确。

6.【参考答案】A、C、D

【本题考点】印花税下产权转移书据税目

【解析】产权转移书据包括财产所有权和版权、商标专用权、专利权、专有技术使用权等转移书据和土地使用权出让合同、土地使用权转让合同、商品房销售合同等权利转移合同。选项A、C、D正确。

选项B：技术合同税目，错误。

7.【参考答案】C、D

【本题考点】契税优惠的特殊规定

【解析】选项A、B：房屋买卖为契税征税范围，以下情况，视同买卖房屋：①以土地、房屋权属抵债或实物交换房屋；②以土地、房屋权属作价投资或作股权转让的；③买房拆料或翻建新房的。选项A、B错误。

选项C：同一投资主体内部所属企业之间土地、房屋权属的划转，包括母公司与其全资子公司之间，同一公司所属全资子公司之间，同一自然人与其设立的个人独资企业、一人有限公司之间土地、房屋权属的划转，免征契税，正确。

选项D：企业依照有关法律、法规规定实施破产，债权人（包括破产企业职工）承受破产企业抵偿债务的土地、房屋权属，免征契税，正确。

8.【参考答案】A、B、C

【本题考点】增值税一般纳税人适用简易计税方法的范围

【解析】增值税一般纳税人可选择按征收率3%计税的应税行为，1.公路收费 2.建筑服务 3.物业管理服务 4.非学历教育服务 5.公共交通运输服务 6.动漫设计服务 7.电影放映服务 8.仓储服务 9.装卸搬运服务 10.收派服务 11.文化体育服务 12.有形动产租赁服务；

选项A、B、C正确。

9.【参考答案】A、B、C、D

【本题考点】税法原则

【解析】选项A：税收法定原则是税法基本原则的核心，正确。

选项B：税收效率原则包括两个方面，一是指经济效率，二是指行政效率。前者要求有利于资源的有效配置和经济体制的有效运行，后者要求提高税收行政效率，节约税收征管成本，正确。

选项C：税法在实施过程中，禁止在没有正当理由的情况下对特定纳税人给予特别优惠，体现了税法公平原则，正确。

选项D：法律优位原则，效力低的税法与效力高的税法发生冲突时，效力低的税法即是无效的，正确。

10.【参考答案】A、B、D

【本题考点】城建税纳税地点

【解析】城建税的纳税地点与“两税”一致，但是，属于下列情况的，纳税地点为：

1.代扣代缴、代收代缴“两税”的单位和个人，同时也是城市维护建设税的代扣代缴、代收代缴义务人，其城建税的纳税地点在代扣代收地。

2. 跨省开采的油田，下属生产单位与核算单位不在一个省内的，其生产的原油，在油井所在地缴纳增值税，同时一并缴纳城建税。

3. 纳税人跨地区提供建筑服务、销售和出租不动产的，应在建筑服务发生地、不动产所在地预缴增值税时，以预缴增值税税额为计税依据，并按预缴增值税所在地的城市维护建设税适用税率和教育费附加征收率就地计算缴纳城市维护建设税和教育费附加。

4. 对流动经营等无固定纳税地点的单位和个人，应随同“两税”在经营地按适用税率缴纳。

选项A、B、D正确，C错误。

11.【参考答案】A、B、C、D

【本题考点】纳税申报对象

【解析】纳税申报对象是指按照国家法律、行政法规的规定，负有纳税义务的纳税人或者负有代扣代缴税款义务的扣缴义务人。纳税人（含享有减免税的纳税人）、扣缴义务人无论本期有无应该缴纳、应该解缴的税款，都必须按税法规定的期限如实向主管税务机关办理纳税申报。

12.【参考答案】A、C、D

【本题考点】跨境电子商务零售进口税收政策

【解析】跨境电子商务零售进口商品按照货物征收关税和进口环节增值税、消费税，购买跨境电子商务零售进口商品的个人作为纳税义务人，实际交易价格（包括货物零售价格、运费和保险费）作为完税价格，电子商务企业、电子商务交易平台企业或物流企业可作为代收代缴义务人，选项A、C、D正确。

13.【参考答案】A、C、D

【本题考点】税务行政处罚

【解析】根据修订后的《税收征收管理法》规定，税务行政处罚的种类有：罚款、没收违法所得、停止出口退税权以及吊销税务行政许可证件四种。选项A、C、D正确。

14.【参考答案】A、C

【本题考点】消费税的征税范围

【解析】纳税人生产的应税消费品，由生产者于销售时纳税。其中自产自用的用于本企业连续生产应税消费品的不纳税；用于其他方面的，于移送使用时纳税。选项B、D为连续生产应税消费品不纳税，错误；选项A、C为用于其他方面，需要纳税，正确。

三、计算问答题

1.【本题考点】资源税应纳税额计算

【参考答案及解析】

（1）不需要缴纳资源税。资源税是对在中华人民共和国领域及管辖海域从事应税矿产品开采和生产盐的单位和个人征收的一种税。缴纳资源税的资源的开采地是“境内”，这会带来资源税进口不征，出口不退的规则。故本题中海外进口的原油无需缴纳资源税。

（2）资源税的计税依据为应税产品的销售额或销售量，原油适用从价定率征收，计税依据为销售额，它是指纳税人销售应税产品向购买方收取的全部价款和价外费用，不包括增值税销项税额和运杂费用。价外费用，包括价外向购买方收取的手续费、延期付款利息、包装费等。

故本题应缴纳的资源税额 =（2340+2.34+1.17）/（1+17%）×10%=200.3（万元）。

（3）纳税人开采应税产品由其关联单位对外销售的，按其关联单位的销售额征收资源税。

故本题应缴纳的资源税额 =1000×0.39/（1+17%）×10%=33.33（万元）。

（4）将开采的资源税应税产品连续加工非应税产品的，于移送使用时缴纳资源税。应缴纳的资源税额 =2000×2340/6000/（1+17%）×10%=66.67（万元）。

2.【本题考点】个人所得税应纳税额计算

【参考答案及解析】

（1）不需要缴纳个人所得税。自 2001 年 10 月 1 日起，个人因与用人单位解除劳动关系而取得的一次性补偿收入（包括用人单位发放的经济补偿金、生活补助费和其他补助费用），其收入在当地上年职工平均工资 3 倍数额以内的部分，免征个人所得税。

本题中李某因解除劳动关系获得一次性补偿收入 96000 元，等于当地上年职工平均工资的 3 倍 =32000×3=96000（元），免交个人所得税。

（2）本题按“对企事业单位的承包经营、承租经营所得”计算应纳所得。对企事业单位承包经营、承租经营所得，是以每一纳税年度的收入总额，减除必要费用后的余额，为应纳税所得额。每一纳税年度的收入总额，是指纳税人按照承包经营、承租经营合同规定分得的经营利润和工资、薪金性质的所得；减除必要费用，是指按月减除 3500 元。

李某从 2 月开始承包，个人所得税应纳税所得额 =85000+4000×11−20000−

3500×11=70500（元），

应纳个人所得税 =70500×30%-9750=11400（元）。

（3）个人将承租房屋转租取得的租金收入，应按“财产租赁所得”项目计算缴纳个人所得税。取得转租收入的个人向房屋出租方支付的租金，凭房屋租赁合同和合法支付凭据允许在计算个人所得税时，从该项转租收入中扣除。

李某转租住房向房屋出租方支付的租金可以在税前扣除。

（4）个人将承租房屋转租取得的租金收入，应按“财产租赁所得”项目计算缴纳个人所得税。有关财产租赁所得个人所得税前扣除税费的扣除次序调整为：

①财产租赁过程中缴纳的税费。

②向出租方支付的租金。

③由纳税人负担的租赁财产实际开支的修缮费用。

④税法规定的费用扣除标准。

（5）按“劳务报酬所得”计算缴纳个人所得税。劳务报酬所得，属于同一事项连续取得收入的，以一个月内取得的收入为一次。李某取得课酬应缴纳的个人所得税 =6000×4×（1-20%）×20%=3840（元）。

3.【本题考点】土地增值税扣除项目及应纳税额的计算。

【参考答案及解析】

（1）开发土地和新建房及配套设施（以下简称房地产开发）的成本，是指纳税人房地产开发项目实际发生的成本（以下简称房地产开发成本），包括土地征用及拆迁补偿费（包括土地征用费、耕地占用税）、前期工程费、建筑安装工程费、基础设施费、公共配套设施费、开发间接费用。

（2）对于房地产开发费用中的利息支出，分两种情况确定扣除：

凡能够按照转让房地产项目计算分摊并提供银行金融机构证明的，经县、市税务机关审定，可据实扣除，但最高不得超过商业银行同类同期贷款利率计算的金额。其他房地产开发费用，按照《细则》第七条第（一）（二）项规定计算的金额之和的5％扣除。即，允许扣除的房地产开发费用＝利息支出（不超过同类同期贷款利率计算金额）+（取得土地使用权所支付的金额＋房地产开发成本）×5% 以内。

凡不能按照转让房地产项目计算分摊的利息支出或不能提供银行金融机构证明的，房地产开发费用，按照《细则》第七条第（一）（二）项规定计算的金额之和的10%。即，允许扣除的房地产开发费用＝（取得土地使用权所支付的金额＋房地产开发成本）×10% 以内。

房地产开发费用计算中还须注意两个问题：

第一：利息的上浮幅度按国家的有关规定执行，超过上浮幅度的部分不允许扣除；

第二：对于超过贷款期限的利息部分和加罚的利息不允许扣除。

（3）允许扣除的土地使用权所支付的金额，包括地价款和取得土地使用权时按国家规定缴纳的有关费用。

本题中对受让土地 50% 面积进行项目开发，故清算土地增值税时允许扣除的土地使用权支付金额 =17760×（1+5%）×50%=9324（万元）。

（4）（本题利息支出有银行贷款凭证，适用第一种情况，没有给出计算开发费用的具体比例，默认用 5% 计算）房地产开发费用 =600+（9324+6000）×5%=1366.2（万元）。

房地产开发企业加计扣除 =（9324+6000）×20%=3064.8（万元）

允许扣除项目金额合计数 =9324+6000+1366.2+290+3064.8=20045（万元）。

（5）增值额 =31000−20045=10955（万元）。

增值额与扣除项目金额的比率 = 增值额 / 扣除项目金额 =10955/20045×100%=54.65%

根据上述计算方法，增值额超过扣除项目金额 50%，未超过 100% 时，适用的计算公式为：土地增值税税额 = 增值额 ×40%− 扣除项目金额 ×5%

应缴纳土地增值税 =10955×40%−20045×5%=3379.75（万元）。

4.【本题考点】各环节应纳消费税的计算

【参考答案及解析】

（1）业务（1）符合委托加工应税消费品。

委托加工的应税消费品，按照受托方的同类消费品的销售价格计算纳税；没有同类消费品销售价格的，按照组成计税价格计算纳税。本题按照组成计税价格计算纳税。

组成计税价格＝（材料成本＋加工费）÷（1—比例税率）=（37.5+5）÷（1−15%）=50（万元），乙厂应代收代缴的消费税 =50×15%=7.5（万元）。

（2）业务（2）应缴纳消费税。委托加工的应税消费品，受托方在交货时已代收代缴了消费税，委托方以高于受托方的计税价格出售的，不属于直接出售，需按照规定申报缴纳消费税，在计税时准予扣除受托方已代收代缴的消费税。

应纳消费税 =38×15%−7.5×60%=1.2（万元）

（3）纳税人自产焰火用于馈赠，于移送使用时纳税。按照纳税人生产的同类消费品的销售价格计算纳税。

业务（3）中赠送客户焰火计征消费税计税依据的金额=36÷80%×20%=9（万元）。

（4）以委托加工收回的已税鞭炮、焰火为原料生产的鞭炮、焰火，准予从应纳消费税税额中按当期生产领用数量计算扣除委托加工收回的应税消费品已纳消费税。

准予扣除的已纳消费税税款=7.5×40%=3（万元）。

（5）根据消费税的规定，纳税人采取分期收款方式销售应税消费品的，其纳税义务发生时间为合同约定的收款日期。业务（3）应缴纳的消费：

6月应纳消费税=36×70%×15%+9×15%–3=2.13（万元）；

7月应纳消费税=36×30%×15%=1.62（万元）。

四、综合题

1.【本题考点】增值税应纳税额的计算

【参考答案及解析】

（1）一般纳税人跨县（市、区）提供建筑服务，向建筑服务发生地主管国税机关预缴税款，向机构所在地主管国税机关申报纳税。适用一般计税方法计税的，以取得的全部价款和价外费用扣除支付的分包款后的余额，按照2%的预征率计算应预缴税款。

业务（1）企业在乙省应预缴的增值税=（3000–1200）÷（1+11%）×2%=32.43（万元）。

（2）业务（1）的销项税额=3000÷（1+11%）×11%=297.30（万元）。

（3）一般纳税人跨县（市、区）提供建筑服务，选择适用简易计税方法计税的，以取得的全部价款和价外费用扣除支付的分包款后的余额，按照3%的征收率计算应预缴税款。业务（2）企业在乙省应预缴的增值税=（4000–1500）÷（1+3%）×3%=72.82（万元）。

（4）进口货物的完税价格包括货物的货价、货物运抵我国境内输入地点起卸前的运输及其相关费用、保险费。

关税完税价格=80+4.2+3.8=88（万元），应纳关税=88×10%=8.8（万元）

该进口设备是固定资产，兼用于简易计税项目，该进项税额准予全部抵扣。

增值税销项税=（88+8.8）×17%=16.46（万元），进项税=0.11（万元）

应纳增值税=16.46–0.11=16.35（万元）。

（5）外购原材料用于自行建造不动产（办公楼、厂房等），进项税额不允许抵扣，已抵扣的需转出。该批瓷砖外购用于自建办公楼，进项税额需转出，金额为40万元。

（6）住宿费支出适用 6% 税率；餐饮费支出为增值税普通发票不允许抵扣；业务（5）可抵扣的增值税进项税额 =6.36÷（1+6%）×6%=6×6%=0.36（万元）。

（7）企业当月增值税进项税额合计 =1200÷（1+11%）×11%+0.11-40+0.36=79.39（万元）。

（8）企业当月增值税应纳税额 =297.30+72.82+16.46-79.39=307.19（万元）。

（9）企业应向总部机构所在地主管税务机关缴纳的增值税 307.19-32.43=274.76。

（10）企业应向总部机构所在地主管税务机关缴纳的城市维护建设税、教育费附加和地方教育附加 =274.76×（7%+3%+2%）=32.97（万元）。

2.【本题考点】企业所得税的计算（包括应纳税所得额的调增和调减）

【参考答案及解析】

（1）业务（1）中的仓库于 2 月对外出租，则 1-2 月适用从价计征，适用税率 1.2%，3-12 月适用从租计征，适用税率 12%。

应缴纳的房产税 =600×（1-30%）×2÷12×1.2%+30×12%=4.44（万元）

应缴纳的印花税 =30×1‰=0.03（万元）。

（2）业务（2）中为以货换货合同，按照合同所记载的购销合计金额计税贴花。

应缴纳的印花税 =（400+400）×0.3‰=0.24（万元）

（3）该企业 2016 年度的会计利润总额 =25000+3000+1000-12000-1000-300-6000-5000-2000+400-300-4.44-0.03-0.24=2795.29（万元）。

（4）企业发生的符合条件的广告费和业务宣传费支出，不超过当年销售收入 15% 的部分，准予扣除；超过部分，准予结转以后纳税年度扣除。

销售收入 =25000+400=25400（万元），广告费支出扣除限额 =25400×15%=3810（万元）

实际发生广告费 3000 万元，准予全额扣除，上年超额部分可结转扣除 810 万元

所以应调减应纳税所得额 810 万元。

（5）业务招待费扣除限额 1=25400×0.5%=127（万元）

业务招待费扣除限额 2=500×60%=300，扣除上限为 127 万元

应调增应纳税所得额 =500-127=373（万元）。

（6）研究开发费，未形成无形资产计入当期损益的，在按照规定据实扣除的基础上，按照研究开发费用的 50% 加计扣除。

应调减应纳税所得额 =2000×50%=1000（万元）。

（7）工会经费扣除限额 =8000×2%=160（万元），实际发生 150 万元，不作

调整。

职工福利费扣除限额=8000×14%=1120（万元），应调增1200–1120=80（万元）。

职工教育经费扣除限额=8000×2.5%=200（万元），应调增250–200=50（万元）

工会经费、职工福利费和职工教育经费应调增应纳税所得额=80+50=130（万元）。

（8）企业从其关联方接受的债权性投资与权益性投资的比例超过规定标准而发生的利息支出，不得在计算应纳税所得额时扣除。企业实际支付给关联方的利息支出，符合本通知第二条规定外，其接受关联方债权性投资与其权益性投资比例为：（1）金融企业为5∶1；（2）其他企业为2∶1。

本题为电器生产企业，适用非金融企业。本题债资比例为500÷2000=2.5，大于2，计算利息支出应调整的应纳税所得额。

可税前扣除的借款利息=2000×2×5%=200（万元），实际发生300万元

应调增应纳税所得额100万元。

（9）我国税法规定，公益性捐赠不超过年度利润总额12%的部分，准予扣除。超标准的公益性捐赠，不得结转以后年度。

公益性捐赠扣除限额=2795.29×12%=335.43（万元），实际捐赠额400万元

应调增应纳税所得额400–335.43=64.57（万元）。

（10）该企业2016年度的应纳税所得额=2795.9–810+373–1000+130+100+64.57=1652.86（万元）。

（11）购买规定的安全生产专用设备，可以按专用设备投资额的10%抵免当年企业所得税应纳税额。

该企业2016年度应缴纳的企业所得税税额=1652.86×25%–500×10%=363.22（万元）。

2016年度注册会计师全国统一考试·税法考试真题

一、单项选择题

1. 下列关于税务行政处罚的设定中，正确的是（　　）。

A. 国家可以通过法律的形式设定各种税务行政处罚

B. 国家税务总局可以通过规章的形式设定警告和罚款

C. 地方人大可以通过法律的形式设定各种税务行政处罚

D. 省税务机关可以设定税务行政处罚的规范性文件

2. 下列权利中作为国家征税依据的是（　　）。

A. 管理权利

B. 政治权利

C. 社会权利

D. 财产权利

3. 某企业2016年3月进口载货汽车1辆；4月在国内市场购置载货汽车2辆，支付全部价款和价外费用为75万元（不含增值税），另支付车辆购置税7.5万元，车辆牌照费0.1万元，代办保险费2万元；5月受赠小汽车1辆。上述车辆全部为企业自用。下列关于该企业计缴车辆购置税依据的表述中，正确的是（　　）。

A. 国内购置载货汽车的计税依据为84.5万元

B. 进口载货汽车的计税依据为关税价格加关税

C. 受赠小汽车的计税依据为同类小汽车的市场价格加增值税

D. 国内购置载货汽车的计税依据为77万元

4. 下列关于消费税征收管理的税法中正确的是（　　）。

A. 消费税收入分别入中央库和地方库

B. 委托个体工商户加工应税消费品应纳的消费税由受托方代扣向其所在地主管税务机关申报缴纳

C. 消费税纳税人总分机构在同一级市但不同县的，由市级税务机关审批同意后，可汇总缴纳消费税

D. 消费税由国家税务局负责征收

5. 企业缴纳的下列税额中，应作为城市维护建设税计税依据的是（　　）。

A. 消费税税额

B. 房产税税额

C. 城镇土地使用税税额

D. 关税税额

6. 下列机构中，有权决定税收特别关税的货物适用国别、税率、期限和征收办法的是（　　）。

A. 财政部

B. 海关总局

C. 国务院关税税种委员会

D. 商务部

7. 某工业企业 2016 年 2 月自建的厂房竣工并投入使用。该厂房的原值为 8000 万元，其中用于储存物资的地下室为 800 万元。假设房产原值的减除比例为 30%，地下室应税原值为房产原值的 60%。该企业 2016 年应缴纳的房产税为（　　）。

A. 56 万元

B. 59.14 万元

C. 61.60 万元

D. 53.76 万元

8. 某企业转让代个人持有的限售股，取得转让收入 68 万元，但不能提供真实的限售股原值凭证。该企业就该限售股转让应缴纳的企业所得税是（　　）。

A. 13.6 万元

B. 14.45 万元

C. 15.3 万元

D. 12.75 万元

9. 企业在境内发生处置资产的下列情形中，应视同销售确认企业所得税应税收入的是（　　）。

A. 将资产用于职工资励或福利

B. 将资产用于加工另一种产品

C. 将资产用于总分机构之间转移

D. 将资产用于结构或性能改变

10. 纳税人的下列财产或财产权利，不得作为纳税质押品的是（　　）。

A. 汽车

B. 活期存款单

C. 定期存款单

D. 房屋

11. 某作家的一部长篇小说从 2016 年 3 月 1 日起在某报纸副刊上连载，每日刊出一期，到 5 月 31 日结束，共刊出 92 期，每期稿酬 500 元。2016 年 2 月 10 日，该作家取得该社预付稿酬 3000 元，开始连载后报社每周支付一次稿酬，至 5 月 31 日已结清全部稿酬，下列关于报社代扣代缴稿酬个人所得税表述正确的是（　　）。

A. 应以每周支付稿酬作为一次稿酬据以代扣代缴个人所得税

B. 应以每周实际支付的稿酬作为一次稿酬据以代扣代缴个人所得税

C. 应以实际支付的全部稿酬作为一次稿酬据以代扣代缴个人所得税

D. 应以预付稿酬作为一次稿酬据以代扣代缴个人所得税

12. 下列税务机关中，负责依法审批增值税一般纳税人最高开票限额的是（　　）。

A. 当地税务局

B. 区县税务机关

C. 国家税务局

D. 省国家税务局

13. 下列关于车船税计税单位确认的表述中，正确的是（　　）。

A. 摩托车按“排气量”作为计税单位

B. 游艇按照“净吨位每吨”作为计税单位

C. 专业作业车按“整备质量每吨”作为计税单位

D. 商用货车按“每辆”作为计税单位

14. 某市高尔夫球具生产企业 2016 年 9 月 1 日以分期收款方式销售一批球杆，价税合计为 140.4 万元，合同约定于 9 月 5 日、11 月 5 日各支付 50% 价款，9 月 5 日按照约定收到 50% 的价款，但并未给客户开具发票，已知高尔夫球具的消费税税率为 10%，该企业 9 月就该项业务应缴纳的消费税为（　　）。

A. 6 万元

B. 12 万元

C. 14.04 万元

D. 0

15. 下列关于《海外账户税收遵从法案》的表述中，正确的是（　　）。

A.《海外账户税收遵从法案》规定举证责任最终由纳税人承担

B.《海外账户税收遵从法案》的主要目的是追查全球企业避税情况

C. 根据《海外账户税收遵从法案》，被认定为“不合作账户持有人”将被扣缴 40% 的预提所得税

D.《海外账户税收遵从法案》仅适用于美国境内

16. 甲企业 2016 年 1 月因无力偿还乙企业已到期的债务 3000 万元，经双方协商甲企业同意以自有房产偿还债务，该房产的原值 5000 万元，净值 2000 万元，评估现值 9000 万元，乙企业支付差价款 6000 万元，双方办理了产权过户手续，则乙企业计缴契税的计税依据是（　　）。

A. 5000 万元

B. 6000 万元

C. 9000 万元

D. 2000 万元

17. 下列房产交易行为中，应当计算缴纳土地增值税的是（　　）。

A. 县城居民企业间互换自有居住用房屋

B. 非营利的慈善组织将合作建造的房屋转让

C. 房地产开发企业代客户进行房地产开发，开发后向客户收取代建收入

D. 房地产公司出租高档住宅

18. 企业发生的下列情形中，应当办理注销税务登记的是（　　）。

A. 改变生产经营方式

B. 改变行政隶属关系

C. 住所迁移涉及主管税务机关的变动

D. 减少注册资本

19. 纳税人可利用存货计价方法进行税务筹划，在存货价格持续下跌的情况下，会使税负降低的计价方法是（　　）。

A. 先进先出法

B. 后进先出法

C. 个别计价法

D. 计划成本法

20. 下列税法要素中，能够区别一种税与另一种税的重要标志是（　　）。

A. 纳税地点

B. 纳税环节

C. 纳税义务人

D. 征税对象

21. 企业生产销售的下列产品中，属于消费税范围的是（　　）。

A. 电动汽车

B. 体育用鞭炮药引线

C. 销售价格为 9000 元的手表

D. 铅蓄电池

22. 某内地个人投资者于 2015 年 6 月通过沪港通投资在香港联交所上市的 H 股股票，取得股票转让差价所得和股息、红利所得。下列有关对该投资者股票投资所得计征个人所得税的表述中，正确的是（　　）。

A. 股票转让差价所得按照 10% 的税率征收个人所得税

B. 股息红利所得由 H 股公司按照 10% 的税率代扣代缴个人所得税

C. 取得的股息红利由中国证券登记结算有限责任公司按照 20% 的税率代扣代缴个人所得税

D. 股票转让差价所得予以征收个人所得税

23. 某油田开采企业 2016 年 3 月销售天然气 90 万立方米，取得不含税增值税收入 13500 元，另向购买方收取手续费 1695 元，延期付款利息 2260 元。假设天然气资源税税率为 10%，该企业 2016 年 3 月销售天然气应缴纳的资源税为（　　）。

A. 13650 元

B. 3538.03 元

C. 13550 元

D. 13500 元

24. 某自营出口的生产企业为增值税一般纳税人，出口货物的征税率为 17%，退税率为 13%，2015 年 6 月购进原材料一批，取得的增值税专用发票注明金额 500 万元，税额 85 万元。6 月内销售货物取得不含税销售额 150 万元，出口货物取得销售额折合人民币 200 万元，上月增值税抵税额 10 万元，该企业当期“免、抵、退”税不得免征和抵扣税额为（　　）。

A. 8万元

B. 20万元

C. 26万元

D. 6万元

二、多项选择题

1. 下列关于个人所得税税制模式的表述中，正确的有（　　）。

A. 实行分类征收制模式便于征收管理，但不利于平衡纳税人税负

B. 实行综合征收制模式征收管理相对复杂，但有利于平衡纳税人税负

C 我国目前个人所得税实行分类征收制模式

D. 我国个人所得税制的改革方向是由分类征收制向分类与综合相结合的模式转变

2. 下列关于税务行政复议管辖的表述中，不正确的有（　　）。

A. 对国家税务总局做出的具体行政行为不服的，向国务院申请行政复议

B. 对税务所做出的具体行政行为不服的，向省级国家税务局申请行政复议

C. 对计划单列市税务局做出的具体行政行为不服的，向省税务局申请行政复议

D. 对各级地方税务局做出的具体行政行为不服的，可以选择向同级别国家税务局申请行政复议

3. 下列措施中属于《海关法》赋予海关可以采取的强制措施有（　　）。

A. 变价抵缴

B. 强制抵缴

C. 补征税额

D. 征税关税滞纳金

4. 税收立法过程是税收立法活动中必须遵守的法定步骤，目前我国税收立法程序经过的主要阶段有（　　）。

A. 提议阶段

B. 通过阶段

C. 审议阶段

D. 公布阶段

5. 甲企业2016年5月以自有房产对乙企业进行投资并取得了相应的股权，办理了产权过户手续，经有关部门评估，该房产的现值为24000万元，当月丙企业以股权方式购买该房产并办理了过户手续，支付的股份价值为30000万元，下列各企业计缴契税的处理中，正确的有（　　）。

A. 甲企业以房产投资的行为不缴纳契税

B. 丙企业按30000万元作为计税依据计缴契税

C. 乙企业向丙企业出售房屋不缴纳契税

D. 乙企业从甲企业取得房屋按房产现值24000万元作为计税依据计缴契税

6. 甲企业与其关联方签署了成本分摊协议，共同开发无形资产，并约定退出补偿时协议成果转让给关联方，该成本分摊协议符合独立交易原则，下列关于甲企业成本分摊的税务处理中，正确的有（　　）。

A. 协议停止时，应与关联方对已有协议成果做出合理分配

B. 按照协议分摊的成本，应在协议规定的各年度税前扣除

C. 退出协议时，该无形资产应按资产处置的税务规定处理

D. 涉及补偿调整的，应调整成本发生年度的应纳税所得额

7. 下列关于缴纳消费税适用计税依据的表述中，正确的有（　　）。

A. 换取生产资料的自产应税消费品应以纳税人同类消费品平均价格作为计税依据

B. 作为福利发放的自产应税消费品应以纳税人同类消费品最高价格作为计税依据

C 委托加工应税消费品应当首先应以受托人同类消费品销售价格作为计税依据

D. 投资入股的自产应税消费品应以纳税人同类消费品最高售价作为计税依据

8. 下列方法中属于税务检查方法的有（　　）。

A. 全查法

B. 外用法

C. 抽查法

D. 现场检查法

9. 甲企业从境外进口一批化妆品，下列关于该业务征缴消费税的表述中正确的有（　　）。

A. 甲企业应向报关地申报缴纳消费税

B. 甲企业应当自海关发进口消费税专用缴款书之日起 15 日内缴纳税款

C. 海关代征的消费税应分别入中央库和地方库

D. 甲企业使用该进口已税化妆品准许扣除进口环节缴纳的消费税

10. 电网公司甲在 2016 年 4 月与发电厂签订了购销电合同 1 份，与保险公司丙签订了保险合同 1 份，直接与用户签订了用电合同若干份，另与房地产开发公司丁签订了一份购房合同。下列说明甲公司计缴印花税的表述中，正确的有（　　）。

A. 与丙签订的保险合同按保险合同缴纳印花税

B. 与乙签订的购电合同按购电合同缴纳印花税

C. 与用户签订的供电合同按购销合同缴纳印花税

D. 与丁签订的购房合同，按产权转移书缴纳印花税

11. 增值税一般纳税人销售自产的下列货物中，可选择按照简易办法计算缴纳消费税的有（　　）。

A. 生产建筑材料所用的沙土

B. 以水泥为原材料生产的水泥混凝土

C. 用微生物制成的生物制品

D. 县级以下小型火力发电单位生产的电力

12. 企业实施合并重组，通过企业所得税一般性税务处理方法时，下列处理正确的有（　　）。

A. 被合并企业的亏损不得在合并企业结转弥补

B. 合并企业应按照账面价值接受被合并企业负债的计税基础

C. 被合并企业及其股东都应按清算进行所得税处理

D. 合并企业应按公允价值确定接受被合并企业各项资产的计税基础

13. 下列业务中，属于税务代理人业务代理范围的有（　　）。

A. 办理增值税纳税申报

B. 办理增值税专用发票领购手续

C. 审查增值税纳税情况

D. 利用主机和共享服务系统为增值税一般纳税人代开增值税专用发票

14. 企业生产或开发的下列资源产品中，应当征收资源税的有（ ）。

A. 人造石油

B. 深水油气田开采的天然气

C. 地面抽彩的煤层气

D. 充填开采置换出来的煤炭

三、计算问答题

1. 我国居民企业甲在境外进行了投资，相关投资架构及持股比例如下图：

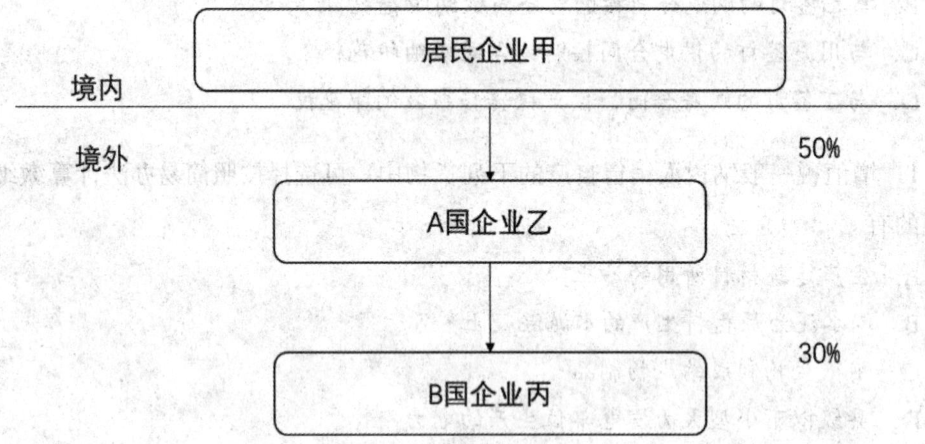

2015 年经营及分配状况如下：

（1）B 国企业所得税税率为 30%，预提所得税税率为 12%，丙企业应纳税所得总额 800 万元，丙企业将部分税后利润按持股比例进行了分配。

（2）A 国企业所得税税率为 20%，预提所得税税率为 10%，乙企业应纳税所得总额（该应纳税所得总额已包含投资收益还原计算的间接税款）1000 万元。其中来自丙企业的投资收益 100 万元，按照 12% 的税率缴纳 B 国预提所得税 12 万元，乙企业在 A 国享受税收抵免后实际缴纳税款 180 万元，乙企业将全部税后利润按持股比例进行了分配。

（3）居民企业甲适用的企业所得税税率 25%，其来自境内的应纳税所得额为 2400 万元。

要求：

根据上述资料，按照下列序号回答问题，如有计算需计算出合计数。

（1）简述居民企业可适用境外所得税收抵免的税额范围。

（2）判断企业丙分回企业甲的投资收益能否适用间接抵免优惠政策并说明理由。

（3）判断企业乙分回企业甲的投资收益能否适用间接抵免优惠政策并说明理由。

（4）计算企业乙所纳税额属于由企业甲负担的税额。

（5）计算企业甲取得来源于企业乙投资收益的抵免限额。

（6）计算企业甲取得来源于企业乙投资收益的实际抵免额。

2．某上市公司高级工程师王先生，2015年度取得个人收入项目如下：

（1）扣除“五险一金”后的每月工资9800元，12月份取得年终奖72000元。

（2）从1月1日起出租两居室住房用于居住。扣除相关税费后的每月租金所得6000元，全年共计72000元。12月31日出租另一套三居室住房，预收2016年上半年租金42000元。

（3）2月8日对2014年1月公司授予的股票期权30000股行权，每股行权价8元，行权当日该股票的收盘价为15元。

（4）10月26日通过拍卖市场拍卖祖传字画一幅，拍卖收入56000元，不能提供字画原值凭据。

（5）11月因实名举报某企业的污染行为获得当地环保部门奖励20000元，同时因其参与的一项技术发明获得国家科技进步二等奖，分得奖金50000元。

要求：

根据以上资料，按照下列序号计算回答问题，如有计算需计算出合计数。

附：工资薪金所得个人所得税税率表（部分）

级数	全月含税应纳税所得额	税率（%）	速算扣除数：元
1	不超过 1500 元的	3	0
2	超过 1500~4500 元的部分	10	105
3	超过 4500~9000 元的部分	20	555
4	超过 9000~35000 元的部分	25	1005

要求：

（1）计算全年工资所得和年终奖应缴纳的个人所得税。

（2）计算出租两居室住房取得的租金收入应缴纳的个人所得税。

（3）计算股票期权所得应缴纳的个人所得税。

（4）计算拍卖字画收入应缴纳的个人所得税。

（5）回答王先生 11 月获得的奖金应如何缴纳个人所得税并简要说明理由。

（6）回答王先生在 2016 年初对 2015 年度取得的所得进行个人所得税申报时，在“财产租赁所得”项目下应填报的所得数额。

3. 某企业为增值税一般纳税人，2016 年 9 月经营状况如下：

（1）生产食用酒精一批，将其中的 50% 用于销售，开具的增值税专用发票注明金额 10 万元、税额 1.7 万元。

（2）将剩余 50% 的食用酒楮作为酒基，加入食品添加剂调制成 38 度的配制酒，当月全部销售，开具的增值税专用发票注明金额 18 万元、税额 3.06 万元。

（3）配制葡萄酒一批，将 10% 的葡萄酒用于生产酒心巧克力，采用赊销方式销售，不含税总价为 20 万元，货已交付，合同约定 10 月 31 日付款。

（4）将剩余 90% 的葡萄酒装瓶对外销售，开具的增值税专用发票注明金额 36 万元、税额 6.12 万元。

（其他相关资料：企业当期通过认证可抵扣的进项税额为 8 万元，消费税税率为 10%。）

要求：根据上述资料，按照下列序号回答问题，如有计算需计算出合计数。

（1）计算业务（1）应缴纳的消费税。

（2）计算业务（2）应缴纳的消费税。

（3）计算业务（3）应缴纳的消费税。

（4）计算业务（4）应缴纳的消费税。

（5）计算该企业 9 月应缴纳的增值税。

4. 2016 年 3 月，某县税务机关拟对辖区内某房地产开发企业的房地产项目进行土地增值税清算。该房地产开发企业提供的资料如下：

（1）2013 年 9 月以 18000 万元协议购买用于该房地产项目的一宗土地，并缴纳了契税。

（2）2014 年 3 月开始动工建设，发生开发成本 6000 万元；小额贷款公司开具的贷款凭证显示利息支出 3000 万元（按照商业银行同类同期贷款利率计算的利息为 2000 万元）。

（3）2015 年 12 月该房地产项目竣工验收，扣留建筑安装施工企业的质量保证金 600 万元，未开具发票。

（4）2016 年 1 月该项目已销售可售建筑面积的 90%，共计取得收入 54000 万元；

可售建筑面积的10%以成本价出售给本企业职工。

（5）该企业已经按照2%的预征率预缴土地增值税1080万元。

（其他相关资料：当地适用的契税税率为3%）

要求：

根据上述资料，按照下列序号回答问题，如有计算需计算出合计数。

（1）简要说明税务机关要求该企业进行土地增值税清算的理由。

（2）计算该企业清算土地增值税时允许扣除的土地使用权支付的金额。

（3）计算该企业清算土地增值税时允许扣除的营业税、城市维护建设税、教育费附加和地方教育费附加。

（4）计算该企业清算土地增值税时允许扣除项目金额的合计数。

（5）计算该企业清算土地增值税时应补缴的土地增值税。

四、综合题

1. 位于市区的某动漫软件公司为增值税一般纳税人，2016年7月经营业务如下：

（1）进口一台机器设备，国外买价折合人民币640000元，运抵我国入关地前支付的运费折合人民币42000元、保险费折合人民币38000元；入关后运抵企业所在地，取得运输公司开具的增值税专用发票，注明运费16000元、税额1760元。

（2）支付给境外某公司特许权使用费，扣缴相应税款并取得税收缴款凭证。合同约定的特许权使用费的金额为人民币1000000元（含按税法规定应由该动漫软件公司代扣代缴的税款）。

（3）购进一辆小汽车自用，取得的税控机动车销售统一发票上注明车辆金额为190000元、装饰费10000元，税额合计34000元。

（4）支付公司员工工资 300000 元；支付办公用矿泉水水费，取得增值税专用发票，发票注明金额 5000 元、税额 850 元。

（5）将某业务单元的实物资产以及相关联的债权、负债和劳动力一并转出，收取转让款 5000000 元。

（6）销售自行开发的动漫软件，取得不含税销售额 4000000 元，销售额中有 800000 元尚未开具发票。

（其他相关资料：进口机器设备关税税率为 12%，涉及的相关票据均已通过主管税务机关比对认证。期初留抵税额为 0。）

要求：

根据上述资料，按照下列顺序计算回答问题，如有计算需计算出合计数。

（1）计算业务（1）应缴纳的进口关税。

（2）计算业务（1）应缴纳的进口环节增值税。

（3）计算业务（2）应代扣代缴的增值税。

（4）分别计算业务（2）应代扣代缴的城市维护建设税、教育费附加和地方教育附加。

（5）计算业务（2）应代扣代缴的预提所得税。

（6）计算当月增值税进项税额。

（7）计算当月增值税销项税额。

（8）计算享受“即征即退”政策后实际缴纳的增值税税款。

（9）分别计算该公司应缴纳的城市维护建设税、教育费附加和地方教育附加（不含代扣代缴的税款）。

（10）计算该公司应缴纳的车辆购置税。

2. 位于市区的某大型百货商场为增值税一般纳税人，2015 年 9 月发生如下几项业务：

（1）将上月购进的化妆品对外销售，不含税售价为 11000 元，本月对外销售珠宝 3000 套，不含税销售额 140000 元。

（2）商场以分期收款方式销售一批进口家电，合同规定不含税销售额 300000 元，约定本月 15 日收回货款的 70%，剩余款项 10 月 15 日收回，商场本月 15 日收到约定款项后，按全额开具了防伪税控系统增值税专用发票；销售微波炉 350 台，每台零售价 585 元；销售其他电器取得含税收入 585000 元。

（3）本月采用销售折扣方式向 A 企业销售小型家电一批，开具普通发票注明销售额为 117000 元，合同约定付款日期为 9 月 10 日，如果 10 天之内付款，给予 5% 折扣；20 天内付款，给予 2% 的折扣；20 天以后付款，全额收取价款，购货方在 9 月 18 日支付货款。

（4）因质量问题，上月销售的两台空调被顾客退货，商场按原零售价 2457 元 / 台，给予退款后向厂家退货（退货手续符合规定及开具红字专用发票），该空调不含税购进价格 1800 元 / 台；当月开展的平销返利业务，由于销售业绩良好，取得供货单位返还收入 187200 元，开具普通发票。

（5）本月分期付款购进家电，合同规定：不含税价 360000 元，货款分三个月等额支付，每月 20 日付款，每次按付款金额开具防伪税控系统增值税专用发票，若不按期足额付款，按未付货款的 5% 支付违约金。

由于本月商场资金紧张，20 日仅支付部分款项，并按规定取得了防伪税控系统增值税专用发票，发票注明销售额 80000 元，另支付违约金 2000 元；本月从一般纳税人处购进其它商品取得增值税专用发票 18 张，发票注明价款共计 560000 元；从小规模纳税人生产企业购进饰品，取得普通发票，注明金额 30000 元；商场装修购进装饰材料，取得增值税专用发票，注明价款 70000 元、增值税 11900 元，支付购货运费 2000 元。

（6）月末盘点时发现，外购的日用商品由于管理不善丢失，成本 21860 元，其中包括运费 1860 元；工会购进一批纪念品，取得增值税专用发票，注明价款 300000 元、增值税 51000 元，支付运费 4000 元，取得运输企业开具的增值税专用发票。该商场将其中的 3 / 5 分给职工作福利，其余的部分赠送给关系单位。

（7）以旧换新方式销售金银首饰，实际取得零售收入 93600 元，该批首饰市场零售价 152100 元；销售钻石首饰取得零售收入 175500 元，修理钻石饰品取得含税收入 4680 元，销售其他贵重首饰取得零售收入 140400 元；销售服装取得不含税收入 60000 元。

要求：

根据上述相关资料，按顺序回答下列问题，如有计算，每问需计算出合计数。

（1）计算业务（1）应缴纳的销项税额合计数。

（2）计算业务（2）应缴纳的销项税额合计数。

（3）计算业务（3）应缴纳的销项税额合计数。

（4）计算业务（4）应冲减的销项税额和进项税额。

（5）计算业务（5）可以抵扣的进项税额合计数。

（6）计算业务（6）应缴纳的销项税额合计数、可抵扣的进项税额、进项税转出额。

（7）计算业务（7）应缴纳的销项税额合计数、消费税额。

（8）计算商场本月应缴纳的销项税额合计数。

（9）计算商场本月可抵扣的进项税额合计数。

（10）计算商场本月应缴纳的增值税额。

（11）计算商场本月应缴纳的消费税额。

（12）计算商场本月应缴纳的城建税、教育费附加及地方教育费附加。

2016年度注册会计师全国统一考试·税法考试真题参考答案深度全面解析与应试重点

一、单项选择题

1.【参考答案】B

【本题考点】税务行政处罚的相关规定

【解析】全国人大及其常委会可以通过法律的形式设定各种税务行政处罚，选项A、C错误；国家税务总局可以通过规章的形式设定警告和罚款，选项B正确；省、自治区、直辖市和计划单列市的税务机关可以制定税收法律、法规、规章之外的规范性文件，不能设定税务行政处罚的规范性文件，选项D错误。答案选B。

2.【参考答案】B

【本题考点】国家征税的依据

【解析】税收是国家为实现其职能，凭借政治权力，按照法律规定，通过税收工具强制地、无偿地征收参与国民收入和社会产品的分配和再分配取得财政收入的一种形式。国家征税凭借的是国家的政治权力，强制无偿征收。因此国家征税的依据是政治权利。

3.【参考答案】B

【本题考点】车辆购置税的计税依据

【解析】由于应税车辆购置的来源不同，计税价格的组成也就不一样。车辆购置税的计税依据有以下几种情况：

（1）购买自用（包括购买自用的进口应税车辆）：

计税依据为纳税人购买应税车辆而支付给销售方的全部价款和价外费用（不含增值税）。

【提示】计税依据包括价外收入（如基金、手续费、保管费、装饰费、工具件费等）；不包括代办保险费、代收牌照费、代收购置税。

使用委托方票据收取，受托方只履行代收义务的款项，一般不应并入计税价格计税。

（2）进口自用：以组成计税价格为计税依据

组成计税价格＝关税完税价格＋关税＋消费税

可见，车辆购置税的计税依据中不包括代收的保险费、车辆牌照费和车辆购置税。目前国内购置载货汽车的计税依据是75万元，选项A、D错误；进口载货汽车的计税依据为关税价格加关税，选项B正确；受赠小汽车的计税依据应该是税务机关核定的最低计税价格，选项C错误；答案选B。

4.【参考答案】D

【本题考点】消费税的相关内容

【解析】消费税属于中央政府收入，应当入中央库而不入地方库，选项A错误；委托个体工商户进行加工，消费税应由委托方回机构所在地缴纳，而不应由受托方代扣代缴，选项B错误；消费税总分机构在同一地级市，但是不在同一县级市的，由省级国税局批准同意，可以由总机构汇总向总机构所在地的主管税务机关申报缴纳消费税，选项C错误。消费税由国家税务局负责征收，选项D正确。答案选D。

5.【参考答案】A

【本题考点】城建税的计税依据

【解析】我国虽然于2016年5月实施了全面营改增，营业税也就此退出历史舞台，但是在此次考试中，仍然涉及到营业税的内容。

因此，城建税的计税依据是增值税、消费税和营业税实际缴纳的税额。答案选A。

6.【参考答案】C

【本题考点】特别关税

【解析】征收特别关税的货物、适用国别、税率、期限和征收办法，应由国务院关税税则委员会决定，海关总署负责实施。答案选C。

7.【参考答案】D

【本题考点】房产税的纳税时间

【解析】纳税人自行新建房屋用于生产经营，从建成之次月起，缴纳房产税。

因此，本题中该企业2016年应缴纳的房产税应纳税额为：

7200×（1–30%）×1.2%×10/12+800×60%×（1–30%）×1.2%×10/12=53.76（万元）

8.【参考答案】B

【本题考点】限售股转让收入

【解析】限售股转让所得为限售股转让收入扣除限售股原值和合理税费后的余额。企业未能提供完整、真实的限售股原值凭证，不能准确计算该限售股原值的，主管税务机关一律按该限售股转让收入的15%，核定为该限售股原值和合理税费。因此该企业就该限售股转让应缴纳的企业所得税为68×（1-15%）×25%=14.45（万元）。答案选B。

9.【参考答案】A

【本题考点】视同销售收入的确认

【解析】企业所得税收入确认的条件是所有权发生转移。

资产所有权属在形式和实质未发生改变，可作为内部处置资产，不视同销售确认收入。具体情形如下（除将资产转移至境外以外）:

（1）将资产用于生产、制造、加工另一产品；

（2）改变资产形状、结构或性能；

（3）改变资产用途（如自建商品房转为自用或经营）;

（4）将资产在总机构及其分支机构之间转移；

（5）上述两种或两种以上情形的混合；

（6）其他不改变资产所有权属的用途。

资产所有权属已发生改变而不属于内部处置资产，应按规定视同销售确定收入。具体情形如下:

（1）用于市场推广或销售；

（2）用于交际应酬；

（3）用于职工奖励或福利；

（4）用于股息分配；

（5）用于对外捐赠；

（6）其他改变资产所有权属的用途。

可见，四个选项中只有选项A所述事项涉及所有权转移，应该视同销售确定收入，答案选A。

10.【参考答案】D

【本题考点】纳税质押

【解析】纳税质押，是指经税务机关同意，纳税人或纳税担保人将其动产或权利凭证移交税务机关占有，将该动产或权利凭证作为税款及滞纳金的担保。不动产不得作为纳税质押品。房屋属于不动产，不得作为纳税质押品，答案选D。

11.【参考答案】C

【本题考点】稿酬所得如何计征个人所得税

【解析】同一作品在报刊上连载取得收入的，应该以连载完成后取得的所有收入合并为一次来计征个人所得税。因此本题中应以实际支付的全部稿酬作为一次稿酬据以代扣代缴个人所得税。答案选 C。

12.【参考答案】B

【本题考点】纳税人开具发票的最高限额

【解析】国家税务总局公告 2013 年第 39 号《国家税务总局关于在全国开展营业税改征增值税试点有关征收管理问题的公告》中规定，最高开票限额由一般纳税人申请，区县税务机关依法审批。因此答案选 B。

13.【参考答案】C

【本题考点】车船税的计税单位

【解析】摩托车应当按照“每辆”作为车船税的计税单位，选项 A 错误；游艇应当按照“艇身长度每米”作为车船税的计税单位，选项 B 错误；专业作业车应当按照“整备质量每吨”为计税单位，选项 C 正确；商用货车应当按照“整备质量每吨”作为车船税的计税单位，选项 D 错误。答案选 C。

14.【参考答案】A

【本题考点】分期收款方式销售货物的增值税计算

【解析】采取赊销和分期收款方式销售货物的，收入确认的时间为书面合同约定的收款日期的当天，无书面合同的或者书面合同没有约定收款日期的，为货物发出的当天。9 月 5 日收到 50% 价款，所以应该确认 50% 的收入。应纳税额为 140.4/（1+17%）×50%×10%=6（万元）。答案选 A。

15.【参考答案】A

【本题考点】《海外账户税收遵从法案》

【解析】《海外账户税收遵从法案》设立的主要目的是追查全球范围内美国富人的逃避缴纳税款行为；若外国机构不遵守 FATCA，美国将对外国机构来源于美国的所得和收入扣缴 30% 的惩罚性预提所得税；目前，国际社会对以政府间合作方式实施 FATCA 的模式已基本达成共识。答案选 A。

16.【参考答案】C

【本题考点】契税

【解析】根据《契税暂行条例》第一条规定，在中华人民共和国境内转移土地、房屋权属，承受的单位和个人为契税的纳税人，应当依照本条例的规定缴纳契税。

一是以土地、房屋权属抵债需要办理权属变更登记，这是一种有偿的土地、房屋权属转移方式。二是抵债与买卖具有可转换性，在购买方交付经济利益后出售方交付土地、房屋权属前，表现为单方向的债权债务关系，这与以土地、房屋权属抵偿债务行为发生前的法律关系完全相同。换言之，买卖行为可以分成两个步骤来完成，先由购买者交付经济利益，形成债权；再由出售者以土地、房屋权属抵偿债务。因此，对以土地、房屋权属抵债行为应视同买卖行为缴纳契税。因此本题中以房抵偿债务，应当按照房屋的评估价值9000万元作为计税依据缴纳契税。答案选C。

17.【参考答案】B

【本题考点】土地增值税的征税范围

【解析】对个人之间互换自有居住用房地产的，经当地税务机关核实，可以免征土地增值税，选项A错误；房地产开发企业代客户进行房地产开发，开发后向客户收取代建收入属于建筑服务，没有发生所有权转移，不征收土地增值税，选项C错误；房地产公司出租高档住宅属于不动产租赁，没有发生所有权转移，不征收土地增值税，选项D错误；非营利的慈善组织将合作建造的房屋转让应当计算缴纳土地增值税，答案选B。

18.【参考答案】C

【本题考点】注销税务登记与变更税务登记的区别

【解析】注销税务登记的适用范围包括：

（1）纳税人发生解散、破产、撤销的；

（2）纳税人被工商行政管理机关吊销营业执照的；

（3）纳税人因住所、经营地点或产权关系变更而涉及改变主管税务机关的；

（4）纳税人发生的其他应办理注销税务登记情况的。

变更税务登记的适用范围包括：

（1）改变纳税人名称、法定代表人；

（2）改变住所、经营地点（不含改变主管税务机关）；

（3）改变经济性质或企业类型；

（4）改变经营范围、经营方式；

（5）改变产权关系；

（6）改变注册资金等

可见选项 A、B、D 均属于变更税务登记的情况，选项 C 属于注销税务登记的情况。答案选 C。

19.【参考答案】A

【本题考点】先进先出法

【解析】先进先出法是指根据先入库先发出的原则，对于发出的存货以先入库存货的单价计算发出存货成本的方法。采用这种方法的具体做法是：先按存货的期初余额的单价计算发出的存货的成本，领发完毕后，再按第一批入库的存货的单价计算，依此从前向后类推，计算发出存货和结转存货的成本。如果物价持续下跌，采用先进先出法，就是先进的货先转成本，因为下跌，先进的货价高，后进的货价低，销售成本就高，企业会计利润减少，应纳税所得额减少，企业应纳企业所得税减少，使得税负降低。

20.【参考答案】D

【本题考点】税种区分

【解析】征税对象属于能够区分一种税与另一种税的重要标志。而纳税地点、纳税环节、纳税义务人都不能够区分一种税与另一种税。答案选 D。

21.【参考答案】D

【本题考点】消费税征税范围

【解析】鞭炮、焰火消费税征税范围包括喷花类、旋转类、组合烟花类等各种鞭炮、焰火。体育上的发令枪，鞭炮引线，不按本税目征收。选项 B 错误；电动汽车和价格低于 10000 元的手表也不属于消费税征税范围，选项 A、C 错误。答案选 D。

22.【参考答案】D

【本题考点】沪港通的个人所得税问题

【解析】对内地个人投资者通过沪港通投资香港联交所上市股票取得的转让差价所得，自 2014 年 11 月 17 日起至 2017 年 11 月 16 日止，暂免征收个人所得税；对内地企业投资者通过沪港通投资香港联交所上市股票取得的转让差价所得，计入其收入总额，依法征收企业所得税；对内地个人投资者通过沪港通投资香港联交所上市 H 股取得的股息红利，H 股公司应向中国证券登记结算有限责任公司（以下简称中国结算）提出申请，由中国结算向 H 股公司提供内地个人投资者名册，H 股公司按照 20% 的税率代扣个人所得税。内地个人投资者通过沪港通投资香港联交所上市的非 H 股取得的股息红利，由中国结算按照 20% 的税率代扣个人所得税。个人投资者在国外已缴纳的预提税，可持有效扣税凭证到中国结算的主管税务机关申请税收抵免。可见选项 A、B、C 均说法不正确，选项 D 说法正确。答案选 D。

23.【参考答案】C

【本题考点】价外费用

【解析】价外费用是指价外向购买方收取的手续费、补贴、基金、集资费返还利润、奖励费、违约金（延期付款利息）、包装费、包装物租金、储备费、优质费、运输装卸费、代收款项、代垫款项及其他各种性质的价外收费。手续费和延期付款利息应该作为价外费用计算纳税。天然气适用 13% 的增值税低税率。因此该企业 2016 年 3 月销售天然气应缴纳的税额为 [13500+（1695+2260）/（1+13%）]×10%=13550（元）。

24.【参考答案】A

【本题考点】出口退税

【解析】免抵退税不得免征和抵扣税额的计算公式为：

免抵退税不得免征和抵扣税额＝出口货物离岸价 × 外汇人民币牌价 ×（出口货物征税率－出口货物退税率）－免抵退税不得免征和抵扣税额抵减额

免抵退税不得免征和抵扣税额抵减额＝免税购进原材料价格 ×（出口货物征税率－出口货物退税率）

因此本题中该企业不得免征和抵扣税额为 200×（17%–13%）=8（万元）。答案选 A。

二、多项选择题

1.【参考答案】A、B、C、D

【本题考点】个人所得税的征收模式

【解析】个人所得税的征收模式有三种：分类征收制、综合征收制与混合征收制。实行分类征收制模式便于征收管理，但不利于平衡纳税人税负；实行综合征收制模式征收管理相对复杂，但有利于平衡纳税人税负。我国目前个人所得税实行分类征收制模式，并且在由分类征收制向分类与综合相结合的模式转变。选项 A、B、C、D 均正确。

2.【参考答案】A、B、D

【本题考点】税务行政复议管辖

【解析】对国家税务总局做出的具体行政行为不服的，应向国家税务总局申请行政复议，选项A说法错误；对税务所做出的具体行政行为不服的，向其所属税务局申请行政复议，选项B说法错误；对计划单列市税务局做出的具体行政行为不服的，向省税务局申请行政复议，选项C说法正确；对各级地方税务局做出的具体行政行为不服的，可以选择向其上一级地方税务局或者该税务局本级人民政府申请行政复议，选项D说法错误。答案选A、B、D。

3.【参考答案】A、D

【本题考点】海关的强制措施

【解析】我国《海关法》赋予海关对滞纳关税的纳税义务人强制执行的权利。强制措施主要有两类:（1）征收关税滞纳金;（2）强制征收，海关可以采取强制扣缴、变价抵缴等强制措施。答案选A、D。

4.【参考答案】A、B、C、D

【本题考点】税收立法程序

【解析】目前我国税收立法程序主要包括以下几个阶段:（1）提议阶段;（2）审议阶段;（3）通过和公布阶段。

5.【参考答案】A、B、C、D

【本题考点】契税的相关内容

【解析】契税是以中华人民共和国境内转移土地、房屋权属为征税对象，向产权承受人征收的一种财产税。甲企业以房产投资时，甲企业不是产权承受人，不缴纳契税。乙企业向丙企业出售房屋时，乙企业不是产权承受人，也不缴纳契税，选项A、C正确；房屋买卖，应该以成交价格为计税依据，由承受方缴纳契税，因此应由丙企业按30000万元作为计税依据计缴契税，选项B正确；以房产投资、入股时，应视同房屋买卖，以成交价格做为计税依据，由承受方缴纳契税，乙企业从甲企业取得房屋按房产现值24000万元作为计税依据计缴契税也是正确的，选项D正确。答案选A、B、C、D。

6.【参考答案】A、B、C

【本题考点】成本分摊协议

【解析】成本分摊协议是指参与方共同签署的对开发、受让的无形资产或参与的劳务活动享有受益权、并承担相应的活动成本的协议。是两个以上企业之间议定的一项框架，用以确定各方在研发、生产或获得资产、劳务和权利等方面承担的成本和风险，并确定这些资产、劳务和权利的各参与者的利益的性质和范围。

对于符合独立交易原则的成本分摊协议，有关税务处理如下：

（1）企业按照协议分摊的成本，应在协议规定的各年度税前扣除。

（2）涉及补偿调整的，应在补偿调整的年度计入应纳税所得额。

（3）涉及无形资产的成本分摊协议，加入支付、退出补偿或终止协议时对协议成果分配的，应按资产购置或处置的有关规定处理。

可见，答案选 A、B、C。

7.【参考答案】C、D

【本题考点】消费税的计税依据

【解析】纳税人用于换取生产资料、抵偿债务和投资入股等方面的应税消费品，应当以纳税人同类应税消费品的最高销售价格作为计税依据计算消费税，选项 A 说法错误；委托加工的应税消费品，按照受托方的同类消费品的平均销售价格计算纳税，选项 C 说法正确；纳税人自产自用的应税消费品，凡用于连续生产应税消费品以外的其他方面的，应当纳税，按照纳税人生产的同类消费品的平均销售价格计算纳税，选项 B 说法错误；纳说人用于换取生产资料和消费资料，投资入股和抵偿债务方面的应税消费品，应当以纳税人同类应税消费品的最高销售价格作为计税依据计算消费税，选项 D 说法最正确。答案选 C、D。

8.【参考答案】A、C、D

【本题考点】税务检查的方法

【解析】税务检查的方法包含：全查法、抽查法、顺查法、逆查法、现场检查法、调账检查法、比较分析法、控制计算法、审阅法、核对法、观察法、外调法、盘存法、交叉稽核法。而外用法不属于税务检查的方法。答案选 A、C、D。

9.【参考答案】A、B、D

【本题考点】中央、地方收入分配

【解析】海关代征的消费税属于中央政府固定收入，选项 C 错误。

10.【参考答案】A、B、D

【本题考点】印花税征税范围

【解析】与保险公司签订的保险合同属于印花税征税范围，选项 A 正确；对发电厂与电网之间、电网与电网之间（国家电网公司系统、南方电网公司系统内部各级电网互供电量除外）签订的购售电合同按购销合同征收印花税，选项 B 正确；电网与用户之间签订的供用电合同不属于印花税列举征税的凭证，不征收印花税，选项C错误；与房地产开发公司签订的购房合同按产权转移书缴纳印花税，选项D正确。答案选A、B、D。

11.【参考答案】A、B、C

【本题考点】简易办法计算缴纳增值税的内容

【解析】目前在我国，县级以及县级以下小型水利发电单位（而非火力发电单位）生产的电力，可选择按简易办法依照3%征收率计算缴纳增值税。选项D错误。

12.【参考答案】A、C、D

【本题考点】企业重组的一般性税务处理

【解析】企业实施合并重组，通过企业所得税一般性税务处理方法时，当事各方应按下列规定处理：

（1）合并企业应按公允价值确定接受被合并企业各项资产和负债的计税基础；

（2）被合并企业及其股东都应按清算进行所得税处理；

（3）被合并企业的亏损不得在合并企业结转弥补。

可见选项B错误，答案选A、C、D。

13.【参考答案】A、C、D

【本题考点】税务代理人可以接受委托，进行代理的事项

【解析】税务代理人可以接受纳税人、扣缴义务人的委托，进行全面代理、单向代理、临时代理或者常年代理。税务代理关系一经确定，税务代理人就可以在代理范围内从事代理工作。税务代理人可以接受委托，进行代理的事项有：

（1）办理税务登记、变更登记和注销税务登记；

（2）办理发票领购手续。因为税务机关是发票的主管机关，发票的印制和领购都由税务机关负责，而且《税收征收管理法》中规定单位、个人、在购销商品、提供或者接受经营服务以及从事其他经营活动中，应当按照规定出具、使用、取得发票。所以纳税人需要委托税务代理人办理此事项；

（3）办理纳税申报或者扣缴税款报告；

（4）办理缴纳税款和申请退税；

（5）制作涉税文书；

（6）审查纳税情况；

（7）建账建制，办理帐务；

（8）开展税务咨询，受聘税务顾问；

（9）申请税务行政复议或税务行政诉讼；

（10）国家税务总局规定的其他业务。

而办理增值税专用发票领购手续不属于税务代理人业务代理范围，可见答案选A、C、D。

14.【参考答案】B、D

【本题考点】资源税免税范围

【解析】目前在我国，人造石油、地面抽采的煤层气暂免征收资源税。

三、计算问答题

1.【本题考点】国际税收的间接抵免和直接抵免问题

【参考答案及解析】

（1）居民企业可适用境外所得税收抵免的税额范围为：居民企业来源于境外的应税所得中已在境外缴纳的所得税。

（2）企业丙分回企业甲的投资收益时不适用间接抵免的优惠政策。

原因：除另有规定外，由居民企业直接或者间接持有20%以上股份的外国企业，限于符合以下持股方式的三层外国企业：

第一层：单一居民企业直接持有20%以上股份的外国企业；

第二层：单一第一层外国企业直接持有20%以上股份，且由单一居民企业直接持有或通过一个或多个符合本条规定持股条件的外国企业间接持有总和达到20%以上股份的外国企业；

第三层：单一第二层外国企业直接持有20%以上股份，且由单一居民企业直接持有或通过一个或多个符合本条规定持股条件的外国企业间接持有总和达到20%以上股份的外国企业。

上述符合规定的“持股条件”是指，各层企业直接持股、间接持股以及为计算居民企业间接持股总和比例的每一个单一持股，均应达到20%的持股比例。

题目中，甲直接持有乙20%以上的股份，乙直接持有丙20%以上的股份，但甲间接持有丙股份为15%，因此不能适用间接抵免的优惠政策。

（3）企业乙分回企业甲的投资收益时适用间接抵免的优惠政策。

理由：甲企业直接持有乙企业的股份超过20%，根据题（2）中的解释，可知，企业乙分回企业甲的投资收益时适用间接抵免的优惠政策。

（4）企业乙的税后利润为1000-180-12=808（万元）。

乙企业所纳税额属于由甲企业负担的部分为（180+12）×808×50%/808=96（万元）。

（5）企业甲取得的境外所得总额为808×50%+96=500（万元）。

企业甲的总应纳税额（2400+500）×25%=725（万元），因此，企业甲取得来源于企业乙投资收益的抵免限额为725×500/2900=125（万元）。

（6）甲企业境外所得税总额为96+808×50%×10%=136.4（万元）。

企业甲取得来源于企业乙投资收益的实际抵免额为125万元。

2.【本题考点】个人所得税的计算（财产租赁所得、工资薪金所得等）

【参考答案及解析】

（1）王先生全年工资应缴纳个人所得税额为[（9800-3500）×20%-555]×12=8460（元）。

纳税人取得全年一次性奖金，应单独作为一个月工资、薪金所得计算纳税，计算方法如下：

1）发放年终奖的当月工资高于3500元时，年终奖个人所得税=年终奖×税率－速算扣除数，税率是按年终奖除以12作为“应纳税所得额”对应的税率。

2）当月工资低于3500元时，年终奖个人所得税=[年终奖－（3500-月工资）]×税率－速算扣除数，税率是按年终奖－（3500-月工资）除以12作为“应纳税所得额”对应的税率。

全年一次性奖金商数=72000/12=6000（元），因此适用20%的税率，速算扣除数555元。

全年一次性奖金应缴纳个人所得税额为72000×20%-555=13845（元）。

王先生全年工资所得和年终奖应缴纳的个人所得税共计13845+8460=22305（元）。

（2）取得的租金收入属于财产租赁所得：

1）每次收入不足4000元的，应纳税额为（收入—800）×10%（财产租赁所得以一个月内取得的收入为一次）；

2）每次收入4000元以上的，应纳税额为收入×（1—20%）×10%。

因此，王先生出租两居室住房取得的租金收入应缴纳的个人所得税为：

6000×（1-20%）×10%×12=5760（元）。

（3）员工行权日所在期间的工资薪金所得，应按下列公式计算工资薪金应纳税所得额：

股票期权形式的工资薪金应纳税所得额＝（行权股票的每股市场价—员工取得该股票期权支付的每股行权价）×股票数量

因此，股票期权所得应缴纳的个人所得税为：[（15-8）×30000/12×25%-1005]×12=40440（元）。

（4）拍卖字画时，纳税人如不能提供合法、完整、准确的财产原值凭证，不能正确计算财产原值，按转让收入额的3%征收率计算缴纳个人所得税。

因此，王先生拍卖字画收入应缴纳的个人所得税为56000×3%=1680元

（5）个人举报、协查违法行为获得的奖金暂免征收个人所得税；取得国家颁发的国家科学进步奖属于省级人民政府、国务院部委和中国人民解放军军以上单位，以及外国组织颁发的科学、教育、技术、文化、卫生、体育、环境保护等方面的奖金免纳个人所得税。

因此，王先生11月获得的奖金免税。

（6）王先生在2016年初对2015年度取得的所得进行个人所得税申报时，在"财产租赁所得"项目下应填报的所得数额为72000+42000=114000（元）。

3.【本题考点】消费税和增值税的计算

【参考答案及解析】

（1）酒精不属于消费税的应税消费品，业务（1）应缴纳的消费税为0。

（2）以蒸馏酒或食用酒精为酒基，同时符合具有国家相关部门批准的国食健字或卫食健字文号；酒精度低于38度（含）的配制酒，按消费税税目税率表"其他酒"10%适用税率征收消费税。

因此，业务（2）应缴纳的消费税为18×10%=1.8（万元）

（3）纳税人自产自用的应税消费品，用于连续生产应税消费品的，不纳税；用于其他方面的，于移送使用时纳税。

因此，业务（3）应缴纳的消费税为36/90%×10%×10%=0.4（万元）。

（4）业务（4）应缴纳的消费税为36×10%=3.6（万元）.

（5）该企业9月应缴纳的增值税为1.7+3.06+6.12−8=2.88（万元）。

4.【本题考点】消费税和增值税的计算

【参考答案及解析】

（1）符合下列情形之一的，主管税务机关可要求纳税人进行土地增值税清算：

1）已竣工验收的房地产开发项目，已转让的房地产建筑面积占整个项目可售建筑面积的比例在85%以上，或该比例虽未超过85%，但剩余的可售建筑面积已经出租或自用的；

2）取得销售（预售）许可证满三年仍未销售完毕的；

3）纳税人申请注销税务登记但未办理土地增值税清算手续的；

4）省税务机关规定的其他情况。

因该企业已竣工验收的房地产开发项目，已转让的房地产建筑面积占整个项

目可售建筑面积的比例超过了 85%，所以税务机关可要求该企业进行土地增值税清算。

（2）根据《国家税务总局关于土地增值税清算有关问题的通知》（国税函〔2010〕220 号）规定："五、关于房地产开发企业取得土地使用权时支付的契税的扣除问题，房地产开发企业为取得土地使用权所支付的契税，应视同'按国家统一规定交纳的有关费用'，计入'取得土地使用权所支付的金额'中扣除。"

因此，允许扣除的土地使用权支付的金额为 18000×（1+3%）=18540（万元）。

（3）应纳营业税为 54000/90%×5%=3000（万元）。

由于该房地产企业位于县，因此适用 5% 的城市维护建设税税率。

应纳城市维护建设税为 3000×5%=150（万元）。

应纳教育费附加和地方教育附加为 3000×（3%+2%）=150（万元）。

允许扣除的营业税及附加为 3000+150+150=3300（万元）。

（4）允许扣除项目金额的合计数为：

18540+6000+2000+（18540+6000）×5%+3300+（18540+6000）×20%=35975（万元）。

（5）房地产企业的收入合计额为 54000/90%=60000（万元）。

增值率为（60000−35975）/35975×100%=66.78%

应补缴的土地增值税为（60000−35975）×40%−35975×5%−1080=6731.25（万元）。

四、综合题

1.【本题考点】增值税、关税、所得税的计算

【参考答案及解析】

（1）从价计征关税的计算公式为：应纳税额 = 完税价格 × 关税税率

因此应交关税 =（640000+42000+38000）×12% =86400（元）。

（2）计征进口环节增值税的计算公式为：

应纳税额 =（完税价格 + 实征关税税额 + 实征消费税税额）× 增值税税率

应缴纳的海关进口环节增值税额为：

（640000+42000+38000）×（1+12%）×17% =137088（元）。

（3）应代扣代缴的增值税 =1000000/（1+6% ）×6% =56603.77（元）。

（4）由于该企业位于市区，因此适用 7% 的城市维护建设税税率，3% 的教育费附加税率和 2% 的地方教育附加税率

因此，应代扣代缴的城市维护建设税 =56603.77×7%=3962.26（元）。

应代扣代缴的教育费附加 =56603.77×3% =1698.11（元）

应代扣代缴的地方教育附加 =56603.77×2% =1132.08（元）。

（5）预提所得税指针对外国企业在中国境内未设立机构、场所，而取得的来源于中国境内的利润、利息、租金、特许权使用费和其他所得征收的税率为 10% 的所得税；外国企业在中国境内虽设立机构、场所，但取得的来源于中国境内的利润、利息、租金、特许权使用费和其他所得与其机构、场所没有实际联系的所得征收的税率为 10% 的所得税。

预提所得税计提公式：

预提所得税额＝收入金额 × 税率

或支付单位代扣代缴所得税额＝支付金额 × 税率

因此，应代扣代缴的预提所得税 =1000000/（1+6%）×10%=94339.62（元）。

（6）当月增值税进项税额 =137088+56603.77+1760+34000+850=230301.77（元）。

（7）当月增值税销项税额 =4000000×17% =680000（元）。

（8）对属于增值税一般纳税人的动漫企业销售其自主开发生产的动漫软件，按 17% 的税率征收增值税后，对其增值税实际税负超过 3% 的部分，实行即征即退政策。

销项税额 – 进项税额 =680000–230301.77=449698.23（元）

销售额的 3% 为 4000000×3% =120000（元）

因此，实际缴纳增值税税款 120000（元）。

（9）由于该企业位于市区，因此适用 7% 的城市维护建设税税率，3% 的教育费附加税率和 2% 的地方教育附加税率

该公司应缴纳的城市维护建设税 =449698.23×7% =31478.88（元）

该公司应缴纳的教育费附加 =449698.23×3% =13490.95（元）

该公司应缴纳的地方教育附加 =449698.23×2% =8993.96（元）

（10）该公司应缴纳的车辆购置税 =（19000+10000）×10%=20000（元）。

2.【本题考点】增值税和消费税的计算（包括分期收款方式销售货物、现金折扣销售货物、销售折让等）

【参考答案及解析】

（1）化妆品和珠宝均适用于 17% 的增值税税率。

业务（1）应缴纳的销项税额合计数为（11000+140000）×17%=25670（元）。

（2）采取赊销和分期收款方式销售货物，纳税义务发生的时间应为按合同约定的收款日期的当天。分期收款方式销售货物应当全额开具增值税专用发票并且按照

全额进行增值税计算缴纳。

销售进口家电增值税销项税额为 300000×17%=51000（元）

销售微波炉及其他电器增值税销项税额为（585000+350×585）÷（1+17%）×17%=114750（元）

因此，业务（2）应缴纳的销项税额合计数为 51000+114750=165750（元）。

（3）现金折扣（销售折扣）的折扣额不得从销售额中扣除，折扣额应计入财务费用。

因此，业务（3）应缴纳的销项税额合计数为 117000÷（1+17%）×17%=17000（元）。

（4）退货应冲减的增值税进项税额为 1800×17%×2=612（元）。

退货应冲减的增值税销项税额为 2457÷（1+17%）×17%×2=714（元）

向供货方取得返还收入（平销返利）行为的税务处理自 2004 年 7 月 1 日起，对商业企业向供货方收取的与商品销售数量、销售额挂钩（如一定比例、金额、数量计算）的各种返还收入，均应按照平销返利行为的有关规定冲减当期增值税进项税金。应冲减进项税金的计算公式为：

当期应冲减的进项税金 = 当期取得的返还资金 /（1+ 所购货物适用增值税税率）× 所购货物适用增值税税率

平销返利业务冲减的增值税进项税额为 187200÷（1+17%）×17%=27200（元）。

（5）业务（5）可以抵扣的进项税额合计数为 80000×17%+560000×17%=108800（元）。

（6）外购日用商品因管理不善丢失，应当对价款和相应的运费都进行进项税额转出。将外购的货物用于集体福利不应该视同销售，应该进项税额转出。

增值税进项税转出为（21860−1860）×17%+1860×11%=3604.6（元）

增值税销项税额为 300000×2/5×17%=20400（元）

可抵扣增值税进项税额为 51000×2/5+4000×11%×2/5=20576（元）。

（7）金银首饰以旧换新业务可以按销售方实际收取的不含增值税的全部价款征收增值税和消费税。

增值税销项税额为（93600+175500+4680+140400）÷（1+17%）×17%+60000×17%=70380（元）

应纳消费税额为（93600+175500）÷（1+17%）×5%=11500（元）。

（8）增值税销项税额合计为 25670+165750+17000+20400+70380−714=298486（元）

（9）本月可抵扣的进项税额合计数为 108800+20576−612−27200−3604.6=97959.4（元）。

（10）商场本月应纳增值税额为 298486−97959.4=200526.6（元）。

（11）由题（7）可知，商场本月应纳消费税税额为 11500 元。

（12）该企业位于市区，适用 7% 的城市维护建设税税率，3% 的教育费附加税率和 2% 的地方教育费附加税率。

因此该商场本月应纳城市维护建设税、教育费附加及地方教育附加为：

（200526.6+11500）×（7%+3%+2%）=25443.19（元）。

2015 年度注册会计师全国统一考试·税法考试真题

一、单项选择题

1. 下列合同中，应按“购销合同”税目征收印花税的是（ ）。

A. 企业之间签订的土地使用权转让合同

B. 发电厂与电网之间签订的购售电合同

C. 银行与工商企业之间签订的融资租赁合同

D. 开发商与个人之间签订的商品房销售合同

2. 下列情形中，纳税人应当进行土地增值税清算的是（ ）。

A. 直接转让土地使用权的

B. 房地产开发项目尚未竣工但已销售面积为 50% 的

C. 转让未竣工结算房地产开发项目 50% 股权的

D. 取得销售（预售）许可证满 1 年仍未销售完毕的

3. 企业发生的下列支出中，可在发生当期直接在企业所得税税前扣除的是（ ）。

A. 固定资产改良支出

B. 租入固定资产的改建支出

C. 固定资产的日常修理支出

D. 已足额提取折旧的固定资产的改建支出

4. 下列行为中，应缴纳契税的是（ ）。

A. 个人将自有房产无偿赠与法定继承人

B. 企业以自有房产等价交换另一企业的房产

C. 个人以自有房产投入本人独资经营的企业

D. 企业以自有房产投资于另一企业并取得相应的股权

5. 下列关于房产税纳税义务发生时间的表述中，正确的是（ ）。

A. 纳税人出租房产，自交付房产之月起缴纳房产税

B. 纳税人自行新建房屋用于生产经营，从建成之月起缴纳房产税

C. 纳税人将原有房产用于生产经营，从生产经营之月起缴纳房产税

D. 房地产开发企业自用本企业建造的商品房，自房屋使用之月起缴纳房产税

6. 下列车船中，应缴纳车船税的是（　　）。

A. 警用车辆

B. 养殖渔船

C. 纯电动汽车

D. 公司拥有的摩托车

7. 个人取得的下列所得中，免予征收个人所得税的是（　　）。

A. 企业职工李某领取原提存的住房公积金

B. 王某在单位任职表现突出获得 5 万元总裁特别奖金

C. 徐某因持有某上市公司股票取得该上市公司年度分红

D. 退休教授张某受聘任另一高校兼职教授每月取得 4000 元工资

8. 税务机关做出的下列行政行为，纳税人不服时可以申请行政复议也可以直接向人民法院提起行政诉讼的是（　　）。

A. 罚款

B. 加收滞纳金

C. 确认抵扣税款

D. 确认征税范围

9. 企业发生的下列支出中，按照企业所得税法的规定可在税前扣除的是（　　）。

A. 税收滞纳金

B. 非广告性赞助

C. 企业所得税税款

D. 按规定缴纳的财产保险费

10. 下列税种中，属于中央政府与地方政府共享收入的是（　　）。

A. 关税

B. 消费税

C. 个人所得税

D. 土地增值税

11. 个体工商户发生的下列支出中，允许在个人所得税税前扣除的是（　　）。

A. 用于家庭的支出

B. 非广告性质赞助支出

C. 已缴纳的增值税税款

D. 生产经营过程中发生的财产转让损失

12. 下列产品中，属于消费税征税范围的是（　　）。

A. 轮胎

B. 电池

C. 酒精

D. 卡丁车

13. 下列行为中，应当视同销售货物缴纳增值税的是（　　）。

A. 将购进的货物用于集体福利

B. 将购进的货物用于个人消费

C. 将购进的货物用于对外投资

D. 将购进的货物用于非增值税应税项目

14. 下列收入中，应当征收增值税的是（　　）。

A. 增值税纳税人收取的会员费收入

B. 电力公司向发电企业收取的过网费收入

C. 燃油电厂从政府财政专户取得的发电补贴收入

D. 融资性售后回租业务中承租方出售资产取得的收入

15. 下列税费的征收管理，适用《中华人民共和国税收征收管理法》的是（　　）。

A. 关税

B. 房产税

C. 教育费附加

D. 海关代征增值税

16. 下列税费中，应计入进口货物关税完税价格的是（　　）。

A. 单独核算的境外技术培训费用

B. 报关时海关代征的增值税和消费税

C. 由买方单独支付的入关后的运输费用

D. 进口货物运抵我国境内输入地点起卸前的保险费

17. 发生下列关联交易的企业，可免于准备关联交易同期资料的是（　　）。

A. 关联交易属于执行预约定价安排所涉及的范围

B. 外资股份低于 50% 且仅与境外关联方发生关联交易

C. 除成本分摊和预约定价安排外，年度发生的关联购销金额在 2 亿元人民币以上

D. 除成本分摊和预约定价安排外，年度发生的除关联购销外的其他关联交易金额在 4000 万元人民币以上

18. 甲县某烟草公司去相邻的乙县收购烟叶，2015 年 8 月 9 日支付烟叶收购价款 80 万元，另对烟农支付了价外补贴。下列纳税事项的表述中，正确的是（　　）。

A. 烟草公司应在 9 月 10 日申报缴纳烟叶税

B. 烟草公司 8 月收购烟叶应缴纳烟叶税 17.6 万元

C. 烟草公司应向甲县主管税务机关申报缴纳烟叶税

D. 烟草公司收购烟叶的纳税义务发生时间是 8 月 10 日

19. 我国汉代征收“算缗钱”，具体征收方法为：对商人和高利贷者，按照交易额或者贷款额征税，每二缗征一算，税率 6%，对手工业者，按照出售产品的价值征税，每四缗征一算，税率 3%……下列税种中，与“算缗钱”性质最接近的是（　　）。

A. 关税

B. 营业税

C. 消费税

D. 增值税

20. 位于市区的甲企业 2015 年 7 月销售产品缴纳增值税和消费税共计 50 万元，被税务机关查补增值税 15 万元并处罚款 5 万元，甲企业 7 月应缴纳的城市维护建设税为（　　）。

A. 3.25 万元

B. 3.5 万元

C. 4.55 万元

D. 4.9 万元

21. 某煤炭开采企业2015年4月销售洗煤5万吨，开具增值税专用发票注明金额5000万元，另取得从洗煤厂到码头不含增值税的运费收入50万元。假设洗煤的折算率为80%，资源税税率为10%，该企业销售洗煤应缴纳的资源税为（　　）。

A. 400万元

B. 404万元

C. 505万元

D. 625万元

22. 某企业2015年1月缴纳了5辆客车车船税，其中一辆9月被盗，已办理车船税退还手续；11月由公安机关找回并出具证明，企业补缴了车船税。假定该类型客车年基准税额为480元，该企业2015年实际缴纳的车船税总计为（　　）。

A. 1920元

B. 2280元

C. 2320元

D. 2400元

23. 某企业在市区拥有一地块，尚未由有关部门组织测量面积，但持有政府部门核发的土地使用证书。下列关于该企业履行城镇土地使用税纳税义务的表述中，正确的是（　　）。

A. 暂缓履行纳税义务

B. 自行测量土地面积并履行纳税义务

C. 待将来有关部门测定完土地面积后再履行纳税义务

D. 以证书确认的土地面积作为计税依据履行纳税义务

24. 某公司2015年8月将自有办公用房出租并一次性预收两年的租金收入48万元，该办公用房9月交付承租人使用，该公司8月应缴纳的营业税为（　　）。

A. 0.48万元

B. 0.8万元

C. 1.44万元

D. 2.4万元

二、多项选择题

1. 具有特殊情形的企业不得作为纳税保证人，下列各项属于该特殊情形的有（　　）。

A. 有欠税行为的

B. 与纳税人存在担保关联关系的

C. 纳税信用等级被评为 C 级以下的

D. 因有税收违法行为正在被税务机关立案处理的

2. 下列中国公民应进行个人所得税自行申报的有（　　）。

A. 从我国境外取得专利权转让所得的李某

B. 2014 年取得股票转让所得 16 万元的王某

C. 取得年经营所得 12 万元的个体工商户赵某

D. 每月从我国境内两家企业分别取得工资所得的张某

3. 居民企业发生的下列支出中，可在企业所得税税前扣除的有（　　）。

A. 逾期归还银行贷款的罚息

B. 企业内营业机构之间支付的租金

C. 未能形成无形资产的研究开发费用

D. 以经营租赁方式租入固定资产的租金

4. 下列项目中，应以房产租金作为计税依据征收房产税的有（　　）。

A. 以融资租赁方式租入的房屋

B. 以经营租赁方式租出的房屋

C. 居民住宅区内业主自营的共有经营性房屋

D. 以收取固定收入、不承担联营风险方式投资的房屋

5. 下列企业于 2015 年 1 月 1 日后购进的固定资产，在计算企业所得税应纳税所得额时，可以一次性计入成本费用扣除的有（　　）。

A. 商场购进价值为 4500 元的二维码打码器

B. 小型微利饮料厂购进价值为 20 万元生产用的榨汁机

C. 集成电器生产企业购进价值为 120 万元专用于研发的分析仪

D. 小型微利信息技术服务公司购进价值为 80 万元研发用的服务器群组

6. 下列原则中，属于税务行政诉讼原则的有（　　）。

A. 合法性审查原则

B. 不适用调解原则

C. 纳税人负举证责任原则

D. 由税务机关负责赔偿原则

7. 以下各项中，属于税基侵蚀和利润转移项目（BEPS）行动计划的有（　　）。

A. 数字经济

B. 有害税收实践

C. 数据统计分析

D. 实际管理机构规则

8. 下列证照中，应按“权利、许可证照”税目征收印花税的有（　　）。

A. 专利证书

B. 卫生许可证

C. 土地使用证

D. 工商营业执照

9. 下列产品中，在计算缴纳消费税时准许扣除外购应税消费品已纳消费税的有（　　）。

A. 外购已税烟丝生产的卷烟

B. 外购已税白酒加香生产的白酒

C. 外购已税手表镶嵌钻石生产的手表

D. 外购已税实木素板涂漆生产的实木地板

10. 我国纳税人依法享有纳税人权利，下列属于纳税人权利的有（　　）。

A. 依法申请减税

B. 控告税务人员的违法违纪行为

C. 对税务机关做出的决定享有申辩权

D. 要求税务机关为纳税人的商业秘密保密

11. 通过沪港通交易取得的下列收入中，免征营业税的有（　　）。

A. 香港单位投资者买卖上交所上市A股取得的差价收入

B. 香港个人投资者买卖上交所上市A股取得的差价收入

C. 内地单位投资者买卖香港联交所上市股票取得的差价收入

D. 内地个人投资者买卖香港联交所上市股票取得的差价收入

12. 我国运输企业甲与国外运输企业乙根据我国境内托运方企业丙的要求签订了1份国际货运合同，合同规定由甲负责起运，乙负责境外运输，甲乙丙分别持有全程运费结算凭证，下列关于计算缴纳印花税的表述中正确的有（　　）。

A. 甲按本程运费计算缴纳印花税

B. 乙按本程运费计算缴纳印花税

C. 乙按全程运费计算缴纳印花税

D. 丙按全程运费计算缴纳印花税

13. 采用倒扣价格方法估计进口货物关税完税价格时，下列各项应当予以扣除的有（　　）。

A. 进口关税

B. 货物运抵境内输入地点之后的运费

C. 境外生产该货物所使用的原材料价值

D. 该货物的同种类货物在境内销售时的利润和一般费用

14. 下列行为免征增值税的有（　　）。

A. 个人转让著作权

B. 残疾人个人提供应税服务

C. 航空公司提供飞机播洒农药服务

D. 会计师事务所提供管理咨询服务

三、计算问答题

1. 甲地板厂（以下简称“甲厂”）生产实木地板，2015 年 8 月发生下列业务：

（1）外购一批实木素板并支付运费，取得的增值税专用发票注明素板金额 50 万元、税额 8.5 万元，取得运输业增值税专用发票注明运费金额 1 万元、税额 0.11 万元。

（2）甲厂将外购素板 40% 加工成 A 型实木地板，当月对外销售并开具增值税专用发票注明销售金额 40 万元、税额 6.8 万元。

（3）受乙地板厂（以下简称“乙厂”）委托加工一批 A 型实木地板，双方约定由甲厂提供素板，乙厂支付加工费。甲厂将剩余的外购实木素板全部投入加工，当月将加工完毕的实木地板交付乙厂，开具的增值税专用发票注明收取材料费金额 30.6 万元、加工费 5 万元，甲厂未代收代缴消费税。

（其他相关资料：甲厂直接持有乙厂 30% 股份，实木地板消费税税率为 5%）

要求：

根据上述资料，按照下列序号回答问题，如有计算需计算出合计数。

（1）判断甲厂和乙厂是否为关联企业并说明理由。

（2）计算业务（2）应缴纳的消费税税额。

（3）判断业务（3）是否为消费税法规定的委托加工业务并说明理由。

（4）指出业务（3）的消费税纳税义务人，计税依据确定方法及数额。

（5）计算业务（3）应缴纳的消费税税额。

2. 某工业企业 2015 年 3 月 1 日转让其位于县城的一栋办公楼，取得销售收入 12000 万元。2008 年建造该办公楼时，为取得土地使用权支付金额 3000 万元，发生建造成本 4000 万元。转让时经政府批准的房地产评估机构评估后，确定该办公楼的重置成本价为 8000 万元。

（其他相关资料：产权转移书据印花税税率 0.5‰，成新度折扣率 60%）

要求：

根据上述资料，按照下列序号回答问题，如有计算需计算出合计数。

（1）请解释重置成本价的含义。

（2）计算土地增值税时该企业办公楼的评估价格。

（3）计算土地增值税时允许扣除的营业税金及附加。

（4）计算土地增值税时允许扣除的印花税。

（5）计算土地增值税时允许扣除项目金额的合计数。

（6）计算转让办公楼应缴纳的土地增值税。

3. 张先生任职于境内A公司，系我国居民纳税人，2014年取得收入如下：

（1）每月工资收入6000元，按所在省人民政府规定的比例提取并缴付的“五险一金”960元。业余时间在B公司兼职，每月取得兼职收入3000元。

（2）12月底A公司拟为其发放年终奖，有两个方案可供选择，甲方案发放18500元，乙方案发放17500元。

（3）11月1日出租自有房屋一套，一次性收取1年房租24000元。

要求：

根据上述资料，按照下列序号回答问题，如有计算需计算出合计数。

（1）计算B公司2014年应代扣代缴张先生的个人所得税。

（2）如果B公司未履行代扣代缴个人所得税义务应承担的法律责任。

（3）请从税务角度为张先生从甲乙两方案中做出选择并说明理由。

（4）请回答张先生是否满足“年所得12万元以上”自行申报纳税的条件并说明理由。

（5）张先生如需进行自行申报，回答其自行申报2014年个人所得税的申报期限。

级数	全月含税应纳税所得额	税率（%）	速算扣除数
1	不超过1,500元	3	0
2	超过1,500元至4,500元的部分	10	105
3	超过4,500元至9,000元的部分	20	555
4	超过9,000元至35,000元的部分	25	1,005

4. 外国甲公司 2015 年为中国乙公司提供内部控制咨询服务，为此在乙公司所在市区租赁一办公场所，具体业务情况如下：

（1）1 月 5 日，甲公司与乙公司签订服务合同，确定内部控制咨询服务具体内容，合同约定服务期限为 8 个月，服务收费为人民币 600 万元（含增值税），所涉及的税费由税法确定的纳税人一方缴纳。

（2）1 月 12 日，甲公司从国外派业务人员抵达乙公司并开始工作，服务全部发生在中国境内。

（3）9 月 1 日，乙公司对甲公司的工作成果进行验收，通过后确认项目完工。

（4）9 月 3 日，甲公司所派业务人员全部离开中国。

（5）9 月 4 日，乙公司向甲公司全额付款。

（其他相关资料：主管税务机关对甲公司采用“按收入总额核定应纳税所得额”的方法计征企业所得税，并核定利润率为 15%，甲公司运用增值税一般计税方法，甲公司为此项目进行的采购均未取得增值税专用发票）

要求：

根据上述资料，按照下列序号回答问题，如有计算需计算出合计数。

（1）回答甲公司申请办理税务登记手续的期限。

（2）回答甲公司申报办理注销税务登记的期限。

（3）计算甲公司应缴纳的企业所得税。

（4）计算甲公司应缴纳的增值税。

（5）计算甲公司应缴纳的城市维护建设税、教育费附加、地方教育附加。

四、综合题

1. 位于县城的某运输公司为增值税一般纳税人，具备国际运输资质，2015 年 7 月经营业务如下：

（1）国内运送旅客，按售票统计取得价税合计金额 177.6 万元；运送旅客至境外，按售票统计取得价税合计金额 53.28 万元。

（2）运送货物，开具增值税专用发票注明运输收入金额 260 万元、装卸收入金额 18 万元。

（3）提供仓储服务，开具增值税专用发票注明仓储收入金额 70 万元、装卸收入金额 6 万元。

（4）修理、修配各类车辆，开具普通发票注明价税合计金额 31.59 万元。

（5）销售使用过的未抵扣进项税额的货运汽车 6 辆，开具普通发票注明价税合计金额 24.72 万元。

（6）进口轻型商用客车 3 辆自用，经海关核定的成交价共计 57 万元，运抵我国境内输入地点起卸前的运费 6 万元，保险费 3 万元。

（7）购进小汽车 4 辆自用，每辆单价 16 万元，取得销售公司开具的增值税专用发票注明金额 64 万元、税额 10.88 万元，另支付销售公司运输费用，取得运输业增值税专用发票注明运费金额 4 万元、税额 0.44 万元。

（8）购进汽油取得增值税专用发票注明金额 10 万元、税额 1.7 万元，90% 用于公司运送旅客，10% 用于公司接送员工上下班，购进矿泉水一批，取得增值税专用发票注明金额 2 万元，税额 0.34 万元，70% 赠送给公司运送的旅客，30% 用于公司集体福利。

（其他相关资料：假定进口轻型商用客车的关税税率为 20%，消费税税率 5%）

要求：

根据上述资料，按照下列顺序计算回答问题，如有计算需计算出合计数。

（1）计算业务（1）的销项税额。

（2）计算业务（2）的销项税额。

（3）计算业务（3）的销项税额。

（4）计算业务（4）的销项税额。

（5）计算业务（5）应缴纳的增值税。

（6）计算业务（6）进口轻型商用客车应缴纳的增值税。

（7）计算业务（7）购进小汽车可抵扣的进项税额。

（8）计算业务（8）购进汽油、矿泉水可抵扣的进项税额。

（9）计算该公司 7 月应向主管税务机关缴纳的增值税。

（10）计算该公司 7 月应缴纳的城市维护建设税、教育费附加和地方教育附加。

（11）计算该公司 7 月应缴纳的车辆购置税。

2. 某上市公司自 2013 年起被认定为高新技术企业，2014 年度取得主营业务收入 48000 万元、其他业务收入 2000 万元，营业外收入 1000 万元，投资收益 500 万元，发生主营业务成本 25000 万元、其他业务成本 1000 万元、营业外支出 1500 万元、营业税金及附加 4000 万元，管理费用 3000 万元，销售费用 10000 万元，财务费用 1000 万元，实现年度利润总额 6000 万元，当年发生的相关具体业务如下：

（1）广告费支出 8000 万元。

（2）业务招待费支出 350 万元。

（3）实发工资 4000 万元，当年 6 月 5 日，中层以上员工对公司 2 年前授予的股票期权（该股票期权等待期至 2013 年 12 月 31 日）500 万股实施行权，行权价每股 6 元，当日该公司股票收盘价每股 10 元，其中高管王某行权 6 万股，王某当月工资收入 9 万元。

（4）拨缴职工工会经费 150 万元，发生职工福利费 900 万元，职工教育经费 160 万元。

（5）专门用于新产品研发的费用 2000 万元，独立核算管理。

（6）计提资产减值损失准备金 1500 万元，该资产减值损失准备金未经税务机关核定。

（7）公司取得的投资收益中包括国债利息收入 200 万元，购买某上市公司股票分得股息 300 万元，该股票持有 8 个月后卖出。

（8）获得当地政府财政部门补助的具有专项用途的财政资金500万元，已取得财政部门正式文件，支出400万元。

（9）向民政部门捐款800万元用于救助贫困儿童。

（其他相关资料：各扣除项目均已取得有效凭证，相关优惠已办理必要手续）

要求：

根据上述资料，按照下列顺序计算回答问题，如有计算需计算出合计数。

（1）计算广告费支出应调整的应纳税所得额。

（2）计算业务招待费支出应调整的应纳税所得额。

（3）计算应计入成本、费用的工资总额。

（4）计算工会经费、职工福利费和职工教育经费应调整的应纳税所得额。

（5）计算研发费用应调整的应纳税所得额。

（6）计算资产减值损失准备金应调整的应纳税所得额并说明理由。

（7）计算投资收益应调整的应纳税所得额。

（8）计算财政补助资金应调整的应纳税所得额并说明理由。

（9）计算向民政部门捐赠应调整的应纳税所得额。

（10）计算该公司2014年应缴纳的企业所得税税额。

（11）计算高管王某6月份应缴纳的个人所得税。

2015年度注册会计师全国统一考试·税法考试真题参考答案深度全面解析与应试重点

一、单项选择题

1.【参考答案】B

【本题考点】印花税税目

【解析】土地使用权转让合同和商品房销售合同应按"产权转移书据"税目征收印花税，选项A、D错误；发电厂与电网之间签订的购售电合同应按"购销合同"税目征收印花税，选项B正确；银行与工商企业之间签订的融资租赁合同应按"借款合同"税目征收印花税，选项C错误；答案选B。

2.【参考答案】A

【本题考点】土地增值税的清算条件

【解析】税法规定，符合下列情形之一的，纳税人应进行土地增值税的清算：

（1）房地产开发项目全部竣工、完成销售的；

（2）整体转让未竣工决算房地产开发项目的；

（3）直接转让土地使用权的。

可见只有选项A符合规定，纳税人应进行土地增值税的清算，答案选A。

3.【参考答案】C

【本题考点】固定资产改良支出

【解析】纳税人的固定资产修理支出可在发生当期直接扣除。纳税人的固定资产改良支出，如有关固定资产尚未提足折旧，可增加固定资产价值；如有关固定资产已提足折旧，可作为递延费用，在不短于5年的期间内平均摊销。

符合下列条件之一的固定资产修理，应视为固定资产改良支出：

（1）发生的修理支出达到固定资产原值20%以上；

（2）经过修理后有关资产的经济使用寿命延长二年以上；

（3）经过修理后的固定资产被用于新的或不同的用途。

答案选C。

4.【参考答案】D

【本题考点】契税的征税对象

【解析】契税是以所有权发生转移变动的不动产为征税对象，向产权承受人征收的一种财产税。契税的应缴税范围包括：土地使用权出售、赠与和交换，房屋买卖，房屋赠与，房屋交换等。

对于《中华人民共和国继承法》规定的法定继承人继承土地、房屋的，免征契税；土地使用权交换、房屋交换、交换价格不相等的，由多交付货币、实物、无形资产或者其他经济利益的一方缴纳税款。交换价格相等的，免征契税；个人以自有房屋投资于本人独资经营企业，作为资产，因其房屋的产权未发生变动，不征契税，也不更换契证。答案选D。

5.【参考答案】C

【本题考点】房产税的纳税义务发生时间

【解析】房产税是以房屋为征税对象，按照房屋的计税余值或租金收入，向产权所有人征收的一种财产税。具体纳税义务发生时间如下：

（1）将原有房产用于生产经营的，纳税义务发生时间为自生产经营之月起；

（2）自行新建房屋用于生产经营的，纳税义务发生时间为自建成之次月起；

（3）委托施工企业建设房屋的，纳税义务发生时间为从办理验收手续之次月起（此前已使用或出租、出借的新建房屋，应从使用或出租、出借的当月起）；

（4）纳税人购置新建商品房的，纳税义务发生时间为自房屋交付使用之次月起；

（5）购置存量房的，纳税义务发生时间为自办理房屋权属转移、变更登记手续，房地产权属登记机关签发房屋权属证书之次月起；

（6）纳税人出租、出借房产的纳税义务发生时间为自交付出租、出借房产之次月起；

（7）房地产开发企业自用、出租、出借自建商品房的，纳税义务发生时间为自房屋使用或交付之次月起；

（8）其他情况的，纳税义务发生时间为因房产的实物或权利状态发生变化而依法终止房产税纳税义务的，其应纳税款的计算应截止到房产的实物或权利状态发生变化的当月末。

答案选C。

6.【参考答案】D

【本题考点】车船税的征收范围

【解析】车船税的征收范围，是指依法应当在我国车船管理部门登记的车船（除规定减免的车船外）。车辆，包括机动车辆和非机动车辆。机动车辆，指依靠燃油、电力等能源作为动力运行的车辆，如汽车、拖拉机、无轨电车等；非机动车辆，指依靠人力、畜力运行的车辆，如三轮车、自行车、畜力驾驶车等。船舶，包括机动船舶和非机动船舶。机动船舶，指依靠燃料等能源作为动力运行的船舶，如客轮、货船、气垫船等；非机动船舶，指依靠人力或者其他力量运行的船舶，如木船、帆船、舢板等。

警用车辆、养殖渔船免征车船税；纯电动乘用车不属于车船税征收范围，纯电动商用车免征车船税；答案选D。

7.【参考答案】A

【本题考点】个人所得税的纳税范围和免税范围

【解析】个人领取原提存的住房公积金、医疗保险金、基本养老保险金时，免予征收个人所得税；企业退休人员基本养老金免征个人所得税，返聘取得的收入，按“工资、薪金所得”应税项目缴纳个人所得税；自2015年9月8日起，个人从公开发行和转让市场取得的上市公司股票，持股期限在1个月以内（含1个月）的，其股息红利所得全额计入应纳税所得额；持股期限在1个月以上至1年（含1年）的，暂减按50%计入应纳税所得额；持股期限超过1年的，股息红利所得暂免征收个人所得税。答案选A。

8.【参考答案】A

【本题考点】税务行政处罚行为

【解析】罚款属于税务行政处罚行为，纳税人对税务机关做出的“征税行为”以外的其他具体行政行为不服的，可以申请行政复议，也可以直接向人民法院提起行政诉讼。加收滞纳金、确认抵扣税款和确认征税范围属于征税行为，纳税人对税务机关做出的“征税行为”不服的，应当先向行政复议机关申请行政复议，未经复议不能向人民法院提起诉讼。因此，答案选A。

9.【参考答案】D

【本题考点】不可在计算应纳税所得额税前扣除的项目

【解析】在计算应纳税所得额时，下列支出不得扣除：

向投资者支付的股息、红利等权益性投资收益款项；企业所得税税款；税收滞纳金；罚金、罚款和被没收财物的损失；超过规定标准的捐赠支出；非广告性质的赞助支出；未经核定的准备金支出；企业之间支付的管理费、企业内营业机构之间支付的租金和特许权使用费，以及非银行企业内营业机构之间支付的利息；与取得收入无关的其他支出。

答案选D。

10.【参考答案】C

【本题考点】中央政府和地方政府的税收收入分成

【解析】关税、消费税都属于中央政府固定收入，选项A、B错误；个人所得税属于中央政府与地方政府共享收入，选项C正确；土地增值税属于地方政府固定收入，选项D错误。答案选C。

11.【参考答案】D

【本题考点】个体工商户计算缴纳个人所得税

【解析】个体工商户的生产、经营所得，以每一纳税年度的收入总额，减除成本、费用、税金、损失、其他支出以及允许弥补的以前年度亏损后的余额，为应纳税所得额。个体工商户下列支出不得扣除：个人所得税税款；税收滞纳金；罚金、罚款和被没收财物的损失；不符合扣除规定的捐赠支出；赞助支出；用于个人和家庭的支出；与取得生产经营收入无关的其他支出；国家税务总局规定不准扣除的支出。因此，答案选D。

12.【参考答案】B

【本题考点】消费税征税范围

【解析】轮胎、卡丁车、酒精均不属于消费税征税范围。本题中只有电池属于消费税税目，答案选B。

13.【参考答案】C

【本题考点】增值税视同销售

【解析】单位或者个体工商户的下列行为，视同销售货物：将货物交付其他单位或者个人代销；销售代销货物；设有两个以上机构并实行统一核算的纳税人，将货物从一个机构移送其他机构用于销售，但相关机构设在同一县（市）的除外；将自产或者委托加工的货物用于非增值税应税项目；将自产、委托加工的货物用于集体福利或者个人消费；将自产、委托加工或者购进的货物作为投资，提供给其他单位或者个体工商户；将自产、委托加工或者购进的货物分配给股东或者投资者；将自产、委托加工或者购进的货物无偿赠送其他单位或者个人。

将自产、委托加工的货物用于非增值税应税项目、集体福利或者个人消费的，属于增值税视同销售行为，但将购进的货物用于这三项的，不属于增值税视同销售行为。

可见只有选项C正确，答案选C。

14.【参考答案】B

【本题考点】增值税的征税范围

【解析】对增值税纳税人收取的会员费收入不征收增值税；电力公司向发电企业收取的过网费，应当征收增值税，不征收营业税；各燃油电厂从政府财政专户取得的发电补贴不属于规定的价外费用，不计入应税销售额，不征收增值税；融资性售后回租业务中，承租方出售资产的行为不属于增值税的征税范围，不征收增值税。答案选B。

提示：此题出于2015年，此时还未全面实施营改增。

15.【参考答案】B

【本题考点】不适用《征管法》的情形

【解析】关税和海关代征的增值税由海关征收，不适用《征管法》；教育费附加由税务机关征收，但不适用《征管法》。因此，答案选B。

16.【参考答案】D

【本题考点】关税完税价格的计算

【解析】税法规定，下列费用，如能与该货物实付或者应付价格区分，不得计入关税完税价格：

厂房、机械、设备等货物进口后的基建、安装、装配、维修和技术服务的费用；

货物运抵境内输入地点之后的运输费用、保险费和其他相关费用；

进口关税及其他国内税收；

为在境内复制进口货物而支付的费用；

境内外技术培训及境外考察费用。

可见，单独核算的境外技术培训费用、报关时海关代征的增值税和消费税、由买方单独支付的入关后的运输费用均不能计入关税，选项A、B、C错误；关税完税价格中包含进口货物运抵我国境内输入地点起卸前的保险费，答案选D。

17.【参考答案】A

【本题考点】免于准备同期资料的情形

【解析】税法规定，属于下列情形之一的企业，可免于准备同期资料：

（1）年度发生的关联购销金额（来料加工业务按年度进出口报关价格计算）在2亿元人民币以下且其他关联交易金额（关联融通资金按利息收付金额计算）在4000万元人民币以下，上述金额不包括企业在年度内执行成本分摊协议或预约定价安排所涉及的关联交易金额；

（2）关联交易属于执行预约定价安排所涉及的范围；

（3）外资股份低于50%且仅与境内关联方发生关联交易。

因此，答案选A。

18.【参考答案】B

【本题考点】烟叶税的纳税义务发生时间

【解析】烟叶税的纳税义务发生时间为纳税人收购烟叶的当天。烟叶税在烟叶收购环节征收。纳税人应当自纳税义务发生之日起30日内申报纳税。具体纳税期限由主管税务机关核定。答案选B。

19.【参考答案】B

【本题考点】营业税的性质

【解析】汉代对商人征收的“算缗钱”，按照交易额或贷款额征税，这相当于按照营业额征收营业税，具有营业税的性质。答案选B。

20.【参考答案】C

【本题考点】城市维护建设税的计税依据

【解析】营改增之前，城市维护建设税和教育费附加以纳税人“实际缴纳”的增值税、消费税、营业税税额为计税依据。包括被税务机关处罚时补交的增值税、消费税、营业税税额，不包括有关的罚款和滞纳金。

因此，甲企业应缴纳的城市维护建设税为（50+15）×7%=4.55万元。答案选C。

提示：此题出于2015年，此时还未全面实施营改增。

21.【参考答案】A

【本题考点】资源税的计算

【解析】税法规定：原煤及洗选煤销售额中包含的运输费用、建设基金以及随运销产生的装卸、仓储、港杂等费用应与煤价分别核算，凡取得相应凭据的，允许在计算煤炭计税销售额时予以扣减。

因此，该企业销售洗煤应缴纳的资源税为5000×80%×10%=400万元，答案选A。

22.【参考答案】C

【本题考点】车船被盗抢等情况下对缴纳车船税的计算

【解析】在一个纳税年度内，已完税的车船被盗抢、报废、灭失的，纳税人可以凭有关管理机关出具的证明和完税证明，向纳税所在地的主管地方税务机关申请退还自被盗抢、报废、灭失月份起至该纳税年度终了期间的税款。已办理退税的被盗抢车船，失而复得的，纳税人应当从公安机关出具相关证明的当月起计算缴纳车船税。

因此，该企业2015年实缴的车船税共计为4×480+480÷12×10=2320元。答案选C。

23.【参考答案】D

【本题考点】城镇土地使用税的计税依据

【解析】按照税法规定，城镇土地使用税以纳税人实际占用的土地面积为计税依据。纳税人实际占用的土地面积按下列办法确定：

（1）由省、自治区、直辖市人民政府确定的单位组织测定土地面积的，以测定的面积为准；

（2）尚未组织测量，但纳税人持有政府部门核发的土地使用证书的，以证书确认的土地面积为准；

（3）尚未核发土地使用证书的，应由纳税人申报土地面积，据以纳税，待核发土地使用证以后再作调整。

答案选D。

24.【参考答案】D

【本题考点】营业税的纳税时间

【解析】纳税人提供建筑业或者租赁业劳务，采取预收款方式的，其纳税义务发生时间为收到预收款的当天。因此，该公司8月应缴营业税为48×5%=2.4万元。

提示：此题出于2015年，此时还未全面实施营改增。

二、多项选择题

1.【参考答案】A、B、C、D

【本题考点】纳税保证人

【解析】税法规定，具有特殊情形的企业不得作为纳税保证人，特殊情形如下：有偷税、抗税、骗税、逃避追缴欠税行为被税务机关、司法机关追究过法律责任未满2年的；因有税收违法行为正在被税务机关立案处理或涉嫌刑事犯罪被司法机关立案侦查的；纳税信誉等级被评为C级以下的；在主管税务机关所在地的市（地、州）没有住所的自然人或税务登记不在本市（地、州）的企业；无民事行为能力或限制民事行为能力的自然人；与纳税人存在担保关联关系的；有欠税行为的。答案选A、B、C、D。

2.【参考答案】A、B、C、D

【本题考点】纳税人自行办理纳税申报的条件

【解析】有下列情形之一的，纳税人应当按照规定自行办理纳税申报：自2006年1月1日起，年所得12万元以上的；从中国境内两处或者两处以上取得工资、薪金所得的；从中国境外取得所得的；取得应税所得，没有扣缴义务人的；国务院规定的其他情形。可见选项A、B、C、D均正确。

3.【参考答案】A、C、D

【本题考点】计算应纳税所得额时，不得税前扣除的支出项目

【解析】在计算应纳税所得额时，下列支出不得扣除：向投资者支付的股息、红利等权益性投资收益款项；企业所得税税款；税收滞纳金。具体是指纳税人违反税收法规，被税务机关处以的滞纳金；罚金、罚款和被没收财物的损失。是指纳税人违反国家有关法律、法规规定，被有关部门处以的罚款，以及被司法机关处以的罚金和被没收财物；超过规定标准的捐赠支出；赞助支出。具体是指企业发生的与生产经营活动无关的各种非广告性质支出；未经核定的准备金支出。具体是指不符合国务院财政、税务主管部门规定的各项资产减值准备、风险准备等准备金支出；企业之间支付的管理费、企业内营业机构之间支付的租金和特许权使用费，以及非银行企业内营业机构之间支付的利息，不得扣除；与取得收入无关的其他支出。可见选项B错误。

而逾期归还银行贷款的罚息、未能形成无形资产的研究开发费用、以经营租赁方式租入固定资产的租金均可在企业所得税税前扣除，答案选A、C、D。

4.【参考答案】B、D

【本题考点】房产税的计税依据

【解析】按照房产租金收入计征的，称为从租计征，房产出租的，以房产租金收入为房产税的计税依据。

以融资租赁方式租入的房屋从价计征房产税；对居民住宅区内业主共有的经营性房产，由实际经营（包括自营和出租）的代管人或使用人缴纳房产税。其中自营的，依照房产原值减除10%至30%后的余值计征，没有房产原值或不能将业主共有房产与其他房产的原值准确划分开的，由房产所在地地方税务机关参照同类房产核定房产原值。答案选B、D。

5.【参考答案】A、D

【本题考点】固定资产的折旧在税前扣除的税收优惠

【解析】税法规定：对所有行业企业持有的单位价值不超过5000元的固定资产，允许一次性计入当期成本费用在计算应纳税所得额时扣除，不再分年度计算折旧；

对所有行业企业 2014 年 1 月 1 日后新购进的专门用于研发的仪器、设备，单位价值超过 100 万元的，可缩短折旧年限或采取加速折旧的方法；对于所有行业企业 2014 年 1 月 1 日后新购进的专门用于研发的仪器、设备，单位价值不超过 100 万元的，允许一次性作为成本费用在税前扣除。因此选项 B、C 错误，答案选 A、D。

6.【参考答案】A、B、D

【本题考点】税务行政诉讼的原则

【解析】税务行政诉讼的原则如下：人民法院特定主管原则；合法性审查原则；不适用调解原则；起诉不停止执行原则；税务机关负举证责任原则；由税务机关负责赔偿的原则。而纳税人负举证责任原则不是税务行政诉讼原则，因此，答案选 A、B、D。

7.【参考答案】A、B、C

【本题考点】BEPS 十五项行动计划

【解析】BEPS 十五项行动计划包括：（1）数字经济；（2）混合错配；（3）受控外国公司规则；（4）利息扣除；（5）有害税收实践；（6）税收协定滥用；（7）常设机构；（8）无形资产；（9）风险和资本；（10）其他高风险交易；（11）数据统计分析；（12）强制披露原则；（13）转让定价同期资料；（14）争端解决；（15）多边工具。而实际管理机构规则不属于税基侵蚀和利润转移项目（BEPS）行动计划，因此，答案选 A、B、C。

8.【参考答案】A、C、D

【本题考点】印花税的纳税范围

【解析】权利许可证照包括政府部门发给的房屋产权证、工商营业执照、商标注册证、专利证、土地使用证等，以及企业股权转让所立的书据。所以单位取得的以上权利许可证照都需要缴纳印花税。答案选 A、C、D。

9.【参考答案】A、D

【本题考点】企业连续生产应税消费品可以抵扣已交消费税的情形

【解析】在消费税 14 个税目中，除酒及酒精、小汽车、高档手表、游艇外，其余税目有扣税规定：

（1）外购已税烟丝生产的卷烟；

（2）外购已税化妆品生产的化妆品；

（3）外购已税珠宝玉石生产的贵重首饰及珠宝玉石；

（4）外购已税鞭炮焰火生产的鞭炮焰火；

（5）外购已税杆头、杆身和握把为原料生产的高尔夫球杆；

（6）外购已税木制一次性筷子为原料生产的木制一次性筷子；

（7）外购已税实木地板为原料生产的实木地板；

（8）外购汽油、柴油用于连续生产甲醇汽油、生物柴油；

（9）外购已税润滑油为原料生产的润滑油；

（10）外购已税汽车轮胎（内胎和外胎）生产的汽车轮胎；

（11）外购已税摩托车连续生产摩托车（如用外购两轮摩托车改装三轮摩托车）；

（12）以外购已税石脑油、燃料油为原料生产的应税消费品。

因此，答案选A、D。

10.【参考答案】A、B、C、D

【本题考点】纳税人的权利

【解析】纳税人的权利包括知悉权、要求保密权、申请减税权、申请免税权、申请退税权、陈述、申辩权、复议和诉讼权、请求国家赔偿权、控告、检举权、请求回避权、举报权、申请延期申报权、取得代扣、代收手续费权、申请延期缴纳税款权、索取完税凭证权、索取收据或清单权、拒绝检查权、委托税务代理权。选项A、B、C、D均正确。

11.【参考答案】A、B、D

【本题考点】通过沪港通买卖彩票的征税问题

【解析】现行税法关于内地和香港市场投资者通过沪港通买卖股票的营业税问题有如下规定：对香港市场投资者（包括单位和个人）通过沪港通买卖上交所上市A股取得的差价收入，暂免征收营业税；对内地个人投资者通过沪港通买卖香港联交所上市股票取得的差价收入，按现行政策规定暂免征收营业税；对内地单位投资者通过沪港通买卖香港联交所上市股票取得的差价收入，按现行政策规定征免营业税。因此答案选A、B、D。

提示：该题出于2015年，当时还未进行全面营改增。

12.【参考答案】A、D

【本题考点】印花税的计税依据

【解析】税法规定：对国际货运，凡由我国运输企业运输的，不论在我国境内、境外起运或中转分程运输，我国运输企业所持的一份运费结算凭证，均按本程运费计算应纳税额；托运方所持的一份运费结算凭证，按全程运费计算应纳税额。由外国运输企业运输进出口货物的，外国运输企业所持的一份运输结算凭证免纳印花税。

因此，选项B、C说法错误，答案选A、D。

13.【参考答案】A、B、D

【本题考点】倒扣价格方法

【解析】税法规定，按倒扣价格方法估定进口货物完税价格的，下列各项应当扣除：该货物的同等级或同种类货物，在境内销售时的利润和一般费用及通常支付的佣金；货物运抵境内输入地点之后的运费、保险费、装卸费及其他相关费用；进口关税、进口环节税和其他与进口或销售规定货物有关的国内税。而境外生产该货物所使用的原材料价值是不能扣除的，答案选A、B、D。

14.【参考答案】A、B、C

【本题考点】增值税纳税范围和免税范围

【解析】个人转让著作权、残疾人个人提供应税服务、航空公司提供飞机播洒农药服务属于免征增值税项目；会计师事务所提供管理咨询服务应按照“鉴证咨询服务”缴纳增值税，选项D说法错误。答案选A、B、C。

三、计算问答题

1.【本题考点】关联企业的界定和消费税的计算

【参考答案及解析】

(1)甲厂与乙厂属于关联企业。我国税法对关联方进行了相关界定。

企业所得税法第四十一条所称关联方，是指与企业有下列关联关系之一的企业、其他组织或者个人:

1）在资金、经营、购销等方面，存在直接或者间接的拥有或者控制关系；

2）直接或者间接地同为第三者所拥有或者控制；

3）其他在利益上具有相关联的关系。

在资金、经营、购销等方面，存在直接或者间接的拥有或者控制关系、直接或者间接地同为第三者所拥有或者控制，在利益上具有相关联的其他关系，主要是指企业与另一公司、企业和其它经济组织（以下统称另一企业）有下列之一关系的，即构成关联企业：

1）相互间直接或间接持有其中一方的股份总和达到25%或以上的；

2）直接或间接同为第三者所拥有或控制股份达到25%或以上的；

3）企业与另一企业之间借贷资金占企业自有资金50%或以上，或企业借贷资金总额的10%或以上是由另一企业担保的；

4）企业的董事或经理等高级管理人员一半以上或有一名以上（含一名）常务董事是由另一企业所委派的；

5）企业的生产经营活动必须由另一企业提供的特许权利（包括工业产权、专业技术等）才能正常进行的；

6）企业生产经营购进的原材料、零部件等（包括价格及交易条件等）是由另一企业所供应并控制的；

7）企业生产的产品或商品的销售（包括价格及交易条件等）是由另一企业所控制的；

8）对企业生产经营、交易具有实际控制、或在利益上具有相关联的其它关系，包括家族、亲属关系等。

（2）对外购已税消费品（除酒（葡萄酒例外）、小汽车、高档手表、游艇、电池、涂料外）连续生产应税消费品销售时，可按当期生产领用数量计算准予扣除外购应税消费品已纳的消费税税款：外购已税烟丝生产的卷烟；外购已税化妆品生产的化妆品；外购已税珠宝玉石生产的贵重首饰及珠宝玉石；外购已税鞭炮焰火生产的鞭炮焰火；外购已税杆头、杆身和握把为原料生产的高尔夫球杆；外购已税木制一次性筷子为原料生产的木制一次性筷子；外购已税实木地板为原料生产的实木地板；外购汽油、柴油、石脑油、燃料油、润滑油用于连续生产应税成品油；外购已税摩托车连续生产摩托车（如用外购两轮摩托车改装三轮摩托车）；根据《葡萄酒消费税管理办法（试行）》的规定，自2015年5月1日起，从葡萄酒生产企业购进、进口葡萄酒连续生产应税葡萄酒的，准予从葡萄酒消费税应纳税额中扣除所耗用应税葡萄酒已纳消费税税款。如本期消费税应纳税额不足抵扣的，余额留待下期抵扣。

因此，外购已税实木地板为原料生产的实木地板，在计算消费税时准予按照生产领用量扣除已纳的消费税税款。

业务（2）应缴纳的消费税税款 $=40\times5\%-50\times40\%\times5\%=1$（万元）。

（3）业务（3）不属于消费税法规定的委托加工业务。委托加工业务必须同时符合两个条件：一是由委托方提供原料和主要材料；二是受托方只收取加工费和代垫部分辅助材料。

在该题中，乙厂是委托方，甲厂是受托方，由于是甲厂提供的主要材料，所以不能作为委托加工应税消费品业务处理。

（4）消费税纳税义务人是甲厂，该业务应按照甲厂销售自制应税消费品处理，计税依据为甲厂当月销售同类A型实木地板的销售价格：$40/40\%\times60\%=60$（万元）。

（5）业务（3）应缴纳的消费税税额为 $60\times5\%-50\times60\%\times5\%=1.5$（万元）。

2.【本题考点】土地增值税的计算

【参考答案及解析】

提示：该题设定发生时间为2015年3月，此时还未全面实行营改增。

（1）重置成本价的含义是指企业重新取得与其所拥有的某项资产相同或与其功能相当的资产需要支付的现金或现金等价物。对旧房及建筑物，按转让时的建材价格及人工费用计算，建造同样面积、同样层次、同样结构、同样建设标准的新房及建筑物所需花费的成本费用。

（2）该办公楼的评估价格为8000×60%=4800（万元）。

（3）该企业位于县镇，适用5%的城市维护建设税税率，3%的教育费附加税率和2%的地方教育费附加税率。

允许扣除的营业税金及附加为12000×5%×（1+5%+3%+2%）=660（万元）。

（4）按照产权转移书据计算缴纳印花税。

因此，允许扣除的印花税为12000×0.5‰=6（万元）。

（5）根据以上题目可得，计算土地增值税时允许扣除项目金额的合计数为：4800+3000+660+6=8466（万元）。

（6）土地增值额为12000–8466=3534（万元）。

增值率为3534/8466×100%=41.74%，因此适用30%的土地增值税税率

因此，转让办公楼应缴纳的土地增值税为3534×30%=1060.2（万元）。

3.【本题考点】个人所得税的计算和税收筹划方案比较

【参考答案及解析】

（1）兼职按劳务报酬所得纳税：劳务报酬按次增收，即兼职为只有一次性收入的，那么以该次收入计税；如果是同一事项连续取得收入则以一个月为一次计税。

B公司当年应代扣代缴张先生个人所得税为（3000–800）×20%×12=5280（元）。

（2）扣缴义务人应扣未扣、应收而不收税款的，由税务机关向纳税人追缴税款，对扣缴义务人处应扣未扣、应收未收税款百分之五十以上三倍以下的罚款。

该税款仍由张先生缴纳，但是B公司应承担应扣未扣税款百分之五十以上三倍以下的罚款。

（3）张先生应选择乙方案。

纳税人取得全年一次性奖金，应单独作为一个月工资、薪金所得计算纳税。

年终奖个人所得税计算方式为：

1）发放年终奖的当月工资高于3500元时，年终奖扣税方式为：年终奖×税率–速算扣除数，税率是按年终奖除以12作为“应纳税所得额”对应的税率。

2）当月工资低于3500元时，年终奖个人所得税=［年终奖－（3500－月工资）］×税率－速算扣除数，税率是按年终奖－（3500－月工资）除以12作为“应纳税所得额”对应的税率。

采用甲方案时：

分摊到每个月的金额为18500÷12=1541.67元，因此适用的税率为10%，速算扣除数为105元。

应缴纳的个人所得税额为18500×10%−105=1745（元）。

税后所得为18500−1745=16755（元）。

采用乙方案时：

分摊到每个月的金额为17500÷12=1458.33（元），因此适用的税率为3%，速算扣除数为0元。

应缴纳的个人所得税额为17500×3%=525（元）。

税后所得为17500−525=16975（元）。

（4）张先生满足“年所得12万元以上”自行申报纳税的条件。

因为张先生在2014年的年所得为（6000−960）×12+17500+3000×12+24000=137980（元）。

（5）每年1月1日至3月31日，上年年所得超过12万元的个人要向主管税务机关办理个人所得税自行申报。地税机关提醒相关纳税人及时办理个人所得税自行申报。

4.【本题考点】非居民企业应纳税所得额的计算、城建和教育费附加的计算等

【参考答案及解析】

（1）非居民企业在中国境内承包工程作业或提供劳务的，应当自项目合同或协议（以下简称合同）签订之日起30日内，向项目所在地主管税务机关办理税务登记手续。

（2）非居民企业在中国境内承包工程作业或提供劳务的，应当在项目完工后15日内，向项目所在地主管税务机关报送项目完工证明、验收证明等相关文件复印件，并依据《税务登记管理办法》的有关规定申报办理注销税务登记。

（3）应纳企业所得税额为收入总额×核定利润率×企业所得税税率

甲公司应缴纳的企业所得税为600/1.06×15%×25%=21.23（万元）。

（4）甲公司应缴纳的增值税为600/1.06×6%=33.96（万元）。

（5）该企业位于市区，适用7%的城市维护建设税税率，3%的教育费附加税率和2%的地方教育费附加税率。

应缴纳的城市维护建设税、教育费附加和地方教育附加合计为：33.96×（7%+3%+2%）=4.08（万元）。

四、综合题

1.【本题考点】增值税的计算

【参考答案及解析】

（1）国内运输适用 11% 的税率；国际运输和港澳台运输适用增值税零税率。

因此，业务（1）的销项税额为 177.6/1.11×11%=17.6（万元）。

（2）对于装卸服务和运输服务，如果能单独核算的，应分开计算增值税，装卸搬运服务按物流辅助业计算，适用 6% 的税率；运输服务按交通运输业计算增值税，适用 11% 的税率。如果无法分别核算的，按运输服务计算增值税。

因此，业务（2）的销项税额为 260×11%+18×6%=29.68（万元）。

（3）一般纳税人提供仓储、装卸搬运服务适用税率 6%。

因此，业务（3）的销项税额为（70+6）×6%=4.56（万元）。

（4）业务（4）的销项税额为 31.59/1.17×17%=4.59（万元）。

（5）自 2016 年 2 月 1 日起，纳税人销售自己使用过的固定资产，适用简易办法依照 3% 征收率减按 2% 征收增值税政策的，可以放弃减税，按照简易办法依照 3% 征收率缴纳增值税，并可以开具增值税专用发票。

因此，业务（5）应缴纳的增值税为 24.72/1.03×2%=0.48（万元）。

（6）业务（6）应缴纳的增值税为（57+6+3）×（1+20%）/（1-5%）×17%=14.17（万元）。

（7）业务（7）可抵扣的进项税额为 10.88+0.44=11.32（万元）。

（8）增值税规定了八种视同销售行为：将货物交付他人代销；销售代销货物；设有两个以上机构并实行统一核算的纳税人，将货物从一个机构移送其他机构用于销售，但相关机构设在同一县（市）的除外；将自产或委托加工的货物用于非应税项目；将自产、委托加工或购买的货物作为投资，提供给其他单位或个体经营者；将自产、委托加工或购买的货物分配给股东或投资者；将自产、委托加工的货物用于集体福利或个人消费；将自产、委托加工或购买的货物无偿赠送他人。

因此，业务（8）可抵扣的进项税额为 1.7×90%+0.34×70%=1.77（万元）。

（9）该公司 7 月应缴纳的增值税额为：（17.6+29.68+4.56+4.59+0.34×70%）-（14.17+11.32+1.77）+0.48=29.89（万元）。

（10）该企业位于县镇，适用 5% 的城市维护建设税税率，3% 的教育费附加税率和2%的地方教育费附加税率。

因此，该公司7月应缴纳的城市维护建设税、教育费附加和地方教育附加为：29.89×（5%+3%+2%）=2.99（万元）。

（11）该运输7月份公司应缴纳的车辆购置税额为：（57+6+3）×（1+20%）/（1–5%）×10%+64×10%=14.74（万元）。

2.【本题考点】企业所得税的计算（包括应纳税所得额的调整）

【参考答案及解析】

（1）企业发生的符合条件的广告费和业务宣传费支出，除国务院财政、税务主管部门另有规定外，不超过当年销售（营业）收入15%的部分，准予扣除；超过部分，准予在以后纳税年度结转扣除。

计算广告费和业务宣传费扣除的基数为48000+2000=50000（万元）。

广告费扣除限额为50000×15%=7500万元，小于实际发生额8000（万元）。

因此，广告费应调增应纳税所得额为8000–7500=500（万元）。

（2）企业发生的与生产经营活动有关的业务招待费支出，按照发生额的60%扣除，但最高不得超过当年销售（营业）收入的5‰。

当年销售（营业）收入的5‰为50000×5‰=250（万元）。

可以扣除的业务招待费限额350×60%=210（万元），小于250万元。

因此可以扣除的业务招待费为210万元。

业务招待费支出应调增的应纳税所得额为350–210=140（万元）。

（3）企业授予职工的股票期权应属于合理工资薪金，允许税前扣除。

因此，应计入成本、费用的工资总额为4000+500×（10–6）=6000（万元）。

（4）企业拨缴的职工工会经费，不超过工资薪金总额2%的部分，凭工会组织开具的《工会经费收入专用收据》在企业所得税税前扣除。

工会经费扣除限额为6000×2%=120（万元），小于实际拨缴金额150万元。

因此工会经费项目应当纳税调增额为150–120=30（万元）。

企业发生的职工教育经费支出，不超过工资薪金总额2.5%的部分，准予扣除；超过部分，准予在以后纳税年度结转扣除。

职工福利费扣除限额为6000×14%=840（万元），小于实际发生金额900万元。

因此职工福利费应纳税调增额为900–840=60（万元）。

自2015年1月1日起，高新技术企业发生的职工教育经费支出，不超过工资薪金总额8%的部分，准予在计算企业所得税应纳税所得额时扣除；超过部分，准予在以后纳税年度结转扣除。

职工教育经费扣除限额为6000×8%=480（万元），大于实际发生金额160（万元）。

因此无需纳税调整。

综上，工会经费、职工福利费和职工教育经费应调增的应纳税所得额共计为：

30+60+0=90（万元）。

（5）企业开展研发活动中实际发生的研发费用，未形成无形资产计入当期损益的，在按规定据实扣除的基础上，按照本年度实际发生额的50%，从本年度应纳税所得额中扣除；形成无形资产的，按照无形资产成本的150%在税前摊销。

研发费用应调减的应纳税所得额为2000×50%=1000（万元）。

（6）税法规定，未经税务机关核定计提的资产减值损失准备金不得在税前扣除。

因此，资产减值损失准备金应调增的应纳税所得额为1500万元。

（7）对于个人或者企业购买国债取得的利息收入是不用缴纳个人所得税，属于免税的范畴。

因此，投资收益应调减的应纳税所得额为200万元。

（8）企业从县级以上各级人民政府财政部门及其他部门取得的应计入收入总额的财政性资金，凡同时符合以下条件的，可以作为不征税收入，在计算应纳税所得额时从收入总额中减除：

（一）企业能够提供规定资金专项用途的资金拨付文件；

（二）财政部门或其他拨付资金的政府部门对该资金有专门的资金管理办法或具体管理要求；

（三）企业对该资金以及以该资金发生的支出单独进行核算。

上述不征税收入用于支出所形成的费用，不得在计算应纳税所得额时扣除；用于支出所形成的资产，其计算的折旧、摊销不得在计算应纳税所得额时扣除。

因此，财政补助资金应调减的应纳税所得额为500–400=100（万元）。

（9）公益性捐赠不超过年度利润总额12%的部分，准予扣除。超标准的公益性捐赠，不得结转以后年度。

公益性捐赠扣除限额=6000×12%=720（万元），小于实际发生额800万元

向民政部门捐赠应调增应纳税所得额为800–720=80（万元）。

（10）该公司2014年应缴纳企业所得税税额为：6000+500+140–2000+90–1000+1500–200–100+80=5010（万元）

因此，该公司应缴纳企业所得税税额为5010×15%=751.5（万元）。

（11）高管王某6月份应缴纳的个人所得税为：[（10–6）×6/12×10000×25%–1005]×12+（90000–3500）×45%–13505=47940+25420=73360（元）。

2014年度注册会计师全国统一考试·税法考试真题（A卷）

一、单项选择题

1. 下列耕地占用的情形中，属于免征耕地占用税的是（　　）。

A. 医院占用耕地

B. 建厂房占用鱼塘

C. 高尔夫球场占用耕地

D. 商品房建设占用林地

2. 我国某公司2014年3月从国内甲港口出口一批锌锭到国外，货物成交价格170万元（不含出口关税），其中包括货物运抵甲港口装载前的运输费10万元、单独列明支付给境外的佣金12万元。甲港口到国外目的地港口之间的运输保险费20万元。锌锭出口关税税率为20%。该公司出口锌锭应缴纳的出口关税为（　　）。

A. 25.6万元

B. 29.6万元

C. 31.6万元

D. 34万元

3. 企业从事下列项目取得的所得中，免征企业所得税的是（　　）。

A. 花卉种植

B. 蔬菜种植

C. 海水养殖

D. 内陆养殖

4. 下列房屋及建筑物中，属于房产税征税范围的是（　　）。

A. 农村的居住用房

B. 建在室外的露天游泳池

C. 个人拥有的市区经营性用房

D. 尚未使用或出租而待售的商品房

5. 下列生产或开采的资源产品中，不征收资源税的是（　　）。

A. 卤水

B. 焦煤

C. 地面抽采的煤层气

D. 与原油同时开采的天然气

6. 某机械制造厂2013年拥有货车3辆，每辆货车的整备质量均为1.499吨；挂车1部，其整备质量为1.2吨；小汽车2辆。已知货车车船税税率为整备质量每吨年基准税额16元，小汽车车船税税率为每辆年基准税额360元。该厂2013年度应纳车船税为（　　）。

A. 441.6元

B. 792元

C. 801.55元

D. 811.2元

7. 张某为熟食加工个体户，2013年取得生产经营收入20万元，生产经营成本为18万元（含购买一辆非经营用小汽车支出8万元）；另取得个人文物拍卖收入30万元，不能提供原值凭证，该文物经文物部门认定为海外回流文物。下列关于张某2013年个人所得税纳税事项的表述中，正确的是（　　）。

A. 小汽车支出可以在税前扣除

B. 生产经营所得应纳个人所得税的计税依据为5.8万元

C. 文物拍卖所得按文物拍卖收入额的3%缴纳个人所得税

D. 文物拍卖所得应并入生产经营所得一并缴纳个人所得税

8. 张某就职于境内某网络公司，每月缴纳“五险一金”2000元。2013年12月公司拟对其发放当月工资10000元、全年一次性奖金60000元。下列张某当月工资奖金发放的各项方案中，缴纳个人所得税最少的方案是（　　）。

A. 发放全年一次性奖金54000元，工资16000元

B. 发放全年一次性奖金55000元，工资15000元

C. 发放全年一次性奖金55500元，工资14500元

D. 发放全年一次性奖金60000元，工资10000元

9. 某企业 2013 年期初营业账簿记载的实收资本和资本公积余额为 500 万元，当年该企业增加实收资本 120 万元，新建其他账簿 12 本，领受专利局发给的专利证 1 件、税务机关重新核发的税务登记证 1 件。该企业上述凭证 2013 年应纳印花税为（　　）。

A. 65 元

B. 70 元

C. 665 元

D. 3165 元

10. 下列各项税法原则中，属于税法基本原则核心的是（　　）。

A. 税收公平原则

B. 税收效率原则

C. 实质课税原则

D. 税收法定原则

11. 证券经纪人王某于 2014 年 4 月初入职某市一证券公司，试用期 3 个月，试用期间每月佣金 2 万元，于试用期满一次发放。王某试用期间取得的佣金收入应缴纳的个人所得税为（　　）。

A. 4854.4 元

B. 5222.4 元

C. 6593.6 元

D. 6608 元

12. 甲企业为增值税一般纳税人，2014 年 1 月外购一批木材，取得的增值税专用发票注明价款 50 万元、税额 8.5 万元；将该批木材运往乙企业委托其加工木制一次性筷子，取得税务局代开的小规模纳税人运输业专用发票注明运费 1 万元、税额 0.03 万元，支付不含税委托加工费 5 万元。假定乙企业无同类产品对外销售，木制一次性筷子消费税税率为 5%。乙企业当月应代收代缴的消费税为（　　）。

A. 2.62 万元

B. 2.67 万元

C. 2.89 万元

D. 2.95 万元

13. 某航空公司为增值税一般纳税人并具有国际运输经营资质，2014 年 6 月购进飞机配件取得的增值税专用发票上注明价款 650 万元、税额 110.5 万元；开展航空服务开具普通发票取得的含税收入包括国内运输收入 1387.5 万元、国际运输收入 288.6 万元、飞机清洗消毒收入 127.2 万元。该公司 6 月应缴纳的增值税为（　　）。

A. 34.2 万元

B. 50.54 万元

C. 62.8 万元

D. 68.21 万元

14. 某电梯销售公司为增值税一般纳税人，2014 年 7 月购进 5 部电梯，取得的增值税专用发票注明价款 400 万元、税额 68 万元；当月销售 5 部电梯并开具普通发票，取得含税销售额 526.5 万元、安装费 29.25 万元、保养费 11.7 万元、维修费 5.85 万元。该公司 7 月应缴纳的增值税为（　　）。

A. 8.5 万元

B. 12.75 万元

C. 14.45 万元

D. 15.3 万元

15. 税务所可以在一定限额以下实施罚款作为税务行政处罚，该限额为（　　）。

A. 50 元

B. 2000 元

C. 10000 元

D. 50000 元

16. 位于县城的甲企业 2014 年 5 月实际缴纳增值税 350 万元（其中包括进口环节增值税 50 万元）、消费税 530 万元（其中包括由位于市区的乙企业代收代缴的消费税 30 万元）。则甲企业本月应向所在县城税务机关缴纳的城市维护建设税为（　　）。

A. 40 万元

B. 41.5 万元

C. 42.50 万元

D. 44.00 万元

17. 下列关于税款扣缴制度的表述中，正确的是（　　）。

A. 代扣税款手续费可以由税务所统一办理退库手续

B. 个人收到的个人所得税扣缴手续费，应计征个人所得税

C. 对扣缴义务人未履行扣缴义务的，可处以应扣未扣税款50%以上3倍以下的罚款

D. 扣缴义务人履行扣缴义务时，可从所扣缴的税款中减除扣缴手续费后再上交税务机关

18. 某境外母公司为其在我国境内子公司提供担保，收取担保费100万元。该母公司就收取的担保费应在我国缴纳的营业税为（　　）。

A. 0

B. 3万元

C. 5万元

D. 10万元

19. 某贸易公司2014年6月以邮运方式从国外进口一批化妆品，经海关审定的货物价格为30万元、邮费1万元。当月将该批化妆品销售取得不含税收入55万元。该批化妆品关税税率为15%、消费税税率为30%。该公司当月应缴纳的消费税为（　　）。

A. 9万元

B. 12.86万元

C. 14.79万元

D. 15.28万元

20. 知识产权事务所取得的下列收入中，应当缴纳营业税的是（　　）。

A. 专利文献翻译收入

B. 专利文书写作培训收入

C. 专利检索服务取得的收入

D. 对专利战略分析、制定和实施方案的制作收入

21. 下列关于我国关税税率运用的表述中，正确的是（　　）。

A. 对由于税则归类的改变需补税的货物，按税则归类改变当日实施的税率征税

B. 未经海关批准擅自转为内销的加工贸易进口材料，按原申报进口之日实施的税率补税

C. 分期支付租金的租赁进口设备，分期付税时，按纳税人首次支付税款之日实施的税率征税

D. 进口仪器到达前，经海关核准先行申报的，按装载此仪器的运输工具申报进境之日实施的税率征税

22. 下列土地中，免征城镇土地使用税的是（　　）。

A. 营利性医疗机构自用的土地

B. 公园内附设照相馆使用的土地

C. 生产企业使用海关部门的免税土地

D. 公安部门无偿使用铁路企业的应税土地

23. 下列情形中，应当计算缴纳土地增值税的是（　　）。

A. 工业企业向房地产开发企业转让国有土地使用权

B. 房产所有人通过希望工程基金会将房屋产权赠与西部教育事业

C. 甲企业出资金、乙企业出土地，双方合作建房，建成后按比例分房自用

D. 房地产开发企业代客户进行房地产开发，开发完成后向客户收取代建收入

24. 某地板企业为增值税一般纳税人，2014 年 1 月销售自产地板两批：第一批 800 箱取得不含税收入 160 万元，第二批 500 箱取得不含税收入 113 万元；另将同型号地板 200 箱赠送福利院，300 箱发给职工作为福利。实木地板消费税税率为 5%。该企业当月应缴纳的消费税为（　　）。

A. 16.8 万元

B. 18.9 万元

C. 18.98 万元

D. 19.3 万元

二、多项选择题

1. 税务机关实施的下列具体行政行为中，属于税务行政处罚的有（　　）。

A. 罚款

B. 收缴发票

C. 没收违法所得

D. 停止出口退税权

2. 张某在足球世界杯期间参加下列活动所获得收益中，应当缴纳个人所得税的有（　　）。

A. 参加某电商的秒杀活动，以 100 元购得原价 2000 元的足球鞋一双

B. 为赴巴西看球，开通手机全球漫游套餐，获赠价值 1500 元的手机一部

C. 参加某电台举办世界杯竞猜活动，获得价值 6000 元的赴巴西机票一张

D. 作为某航空公司金卡会员被邀请参加世界杯抽奖活动，抽得市价 2500 元球衣一套

3. 下列利息所得中，免征企业所得税的有（　　）。

A. 外国政府向中国政府提供贷款取得的利息所得

B. 国际金融组织向中国政府提供优惠贷款取得的利息所得

C. 国际金融组织向中国居民企业提供优惠贷款取得的利息所得

D. 外国银行的中国分行向中国居民企业提供贷款取得的利息所得

4. 下列税费中，应计入进口货物关税完税价格的有（　　）。

A. 进口环节缴纳的消费税

B. 单独支付的境内技术培训费

C. 由买方负担的境外包装材料费用

D. 由买方负担的与该货物视为一体的容器费用

5. 李某 2014 年 4 月拟将部分个人财产转移至境外投资，他向一会计师事务所咨询完税凭证开具事宜，下列意见中正确的有（　　）。

A. 应向户籍所在地的地方税务局申请开具完税证明

B. 申请人有未完税事项的，提供保证金后可开具税收证明

C. 拟转移财产已取得完税凭证的，不需再向税务机关申请税收证明

D. 拟转移财产总价值在人民币 15 万元以下的，可不需向税务机关申请税收证明

6. 某化工企业盈利状况良好，2014 年 7 月购进一台生产设备并在当月投入使用，取得的增值税专用发票注明价款 50 万元、税额 8.5 万元，同时购进配套易损件，取得的增值税专用发票注明价款 2 万元、税额 0.34 万元，该企业尚未享受任何税收优惠政策。该企业拟进行税收筹划，下列建议正确的有（　　）。

A. 在技术进步情况下采用加速折旧法

B. 将易损件单独作为低值易耗品入账

C. 从 2014 年 7 月开始计提生产设备的折旧

D. 将增值税进项税额计入固定资产账面原值

7. 某房地产开发企业被税务机关要求提供纳税担保，该企业拥有的下列资产中，可以用作纳税抵押品的有（　　）。

A. 小轿车

B. 写字楼

C. 库存钢材

D. 土地所有权

8. 下列凭证中，属于印花税征税范围的有（　　）。

A. 银行设置的现金收付登记簿

B. 个人出租门店签订的租赁合同

C. 电网与用户之间签订的供用电合同

D. 出版单位与发行单位之间订立的图书订购单

9. 某旅游公司2014年8月从游艇生产企业购进一艘游艇，取得的增值税专用发票注明价款120万元、税额20.4万元；从汽车贸易公司购进一辆小汽车，取得增值税机动车统一销售发票注明价款40万元、税额6.8万元。游艇的消费税税率为10%，小汽车消费税税率为5%。下列关于上述业务相关纳税事项的表述中，正确的有（　　）。

A. 汽车贸易公司应缴纳消费税2万元

B. 游艇生产企业应缴纳消费税12万元

C. 旅游公司应缴纳游艇车辆购置税12万元

D. 旅游公司应缴纳小汽车的车辆购置税4万元

10. 根据我国分税制财政管理体制的规定，下列被列入中央政府和地方政府共享收入的税种有（　　）。

A. 消费税

B. 营业税

C. 资源税

D. 城市维护建设税

11. 李某受托代办车辆维修和车检手续过程中发生的下列费用，其收取方应缴纳营业税的有（　　）。

A. 李某收取的代办费

B. 维修厂收取的维修费

C. 保险公司收取的保险费

D. 交管部门收取的交通违规罚款

12. 下列房屋中，免征房产税的有（　　）。

A. 居民个人出租的住房

B. 公园管理部门自用的办公用房

C. 专门经营农产品的批发市场用房

D. 实行全额预算管理的学校出租给企业使用的办公用房

13. 下列关于城市维护建设税计税依据的表述中，正确的有（　　）。

A. 免征“三税”时应同时免征城市维护建设税

B. 对出口产品退还增值税的，不退还已缴纳的城市维护建设税

C. 纳税人被查补“三税”时应同时对查补的“三税”补缴城市维护建设税

D. 纳税人违反“三税”有关税法被加收的滞纳金应计入城市维护建设税的计税依据

14. 某船运公司为增值税一般纳税人并具有国际运输经营资质，2014 年 7 月取得的含税收入包括货物保管收入 40.28 万元、装卸搬运收入 97.52 万元、国际运输收入 355.2 万元、国内运输收入 754.8 万元。该公司计算的下列增值税销项税额，正确的有（　　）。

A. 货物保管收入的销项税额 2.28 万元

B. 装卸搬运收入的销项税额 9.66 万元

C. 国际运输收入的销项税额 35.2 万元

D. 国内运输收入的销项税额 74.8 万元

三、计算问答题

1. 某啤酒屋 2014 年 6 月世界杯期间发生业务如下：

（1）店堂点餐消费收入 400000 元，含销售瓶装啤酒 2 吨收入 50000 元、用自有设备现酿啤酒 0.5 吨收入 20000 元。

（2）KTV 包房取得收入 150000 元，含观看通宵球赛包房收入 80000 元、零食收入 40000 元、瓶装啤酒 1 吨收入 30000 元。

（3）打包外卖餐饮收入 100000 元，含销售听装啤酒 0.2 吨收入 6000 元。

（4）当月外购食材 200000 元，其中部分取得增值税专用发票，注明价款 80000

元、税额 13600 元，无法区分食材的具体用途。

（其他相关资料：啤酒的消费税税率为 250 元 / 吨，娱乐业营业税税率 20%，啤酒屋按增值税小规模纳税人缴纳相关增值税。）

要求：

根据上述资料，按照下列序号计算回答问题，每问需计算出合计数。

（1）啤酒屋应缴纳的服务业营业税。

（2）啤酒屋应缴纳的娱乐业营业税。

（3）啤酒屋应缴纳的消费税。

（4）啤酒屋应缴纳的增值税。

2. 某市一民营客运公司组织优秀员工 50 人赴深港五日游，公司用自有客车将他们送至深圳某口岸，然后委托可从事跨境业务的深圳甲旅游公司承接后面的行程，按每人 8000 元共支付给甲旅游公司旅游费 40 万元。甲公司发生的支出如下：

（1）向深圳乙车行租赁了两辆拥有深港两地运营牌照的大巴用于在香港的运输，均由乙车行配备司机，共支付 10 万元。

（2）支付给香港旅游公司在香港接团费用 9 万元。

（3）支付深圳门票费 4 万元、食宿费 5 万元、购买旅游保险 2 万元、导游工资 2 万元。

（其他相关资料：客运公司同期所出售的由其所在地至深圳某口岸的客票票价为每人 200 元，所有经营主体非小规模纳税人，当月无可抵扣进项税额。）

要求：

根据上述资料，按照下列序号计算回答问题，每问需计算出合计数。

（1）计算甲旅游公司取得旅游收入应缴纳的营业税，并请说明其计税依据确定的理由。

（2）乙车行取得的租车收入是否需要缴纳增值税或营业税？请说明理由。如需要，请计算其应纳税额。

（3）该民营客运公司用自有客车将员工运送至深圳口岸是否需要缴纳增值税或营业税？请说明理由。如需要，请计算其应纳税额。

（4）甲旅游公司在计算缴纳营业税时就其境外支付的可扣除部分，应向主管税务机关提交何种材料？若税务机关有疑义，还应补充提交何种材料？

3. 位于县城的某石油企业为增值税一般纳税人，2014 年 3 月发生以下业务：

（1）进口原油 5000 吨，支付买价 2000 万元、运抵我国境内输入地点起卸前的运输费用 60 万元，保险费无法确定。

（2）开采原油 9000 吨，其中当月销售 6000 吨，取得不含税销售收入 2700 万元，同时还向购买方收取延期付款利息 3.51 万元；取得运输业增值税专用发票注明的运费 9 万元、税额 0.99 万元。

（其他相关资料：假定原油的资源税税率为 10%、进口关税税率为 1%，相关票据已通过主管税务机关比对认证。

要求：

根据上述资料，按照下列序号计算回答问题，每问需计算出合计数。

（1）计算当月进口原油应缴纳的关税。

（2）计算当月进口原油应缴纳的增值税。

（3）计算当月销售原油的增值税销项税额。

（4）计算当月向税务机关缴纳的增值税。

（5）计算当月应缴纳的城市维护建设税、教育费附加和地方教育附加。

（6）计算当月应缴纳的资源税。

4. 某高校赵教授 2014 年取得部分收入项目如下：

（1）1 月从学校取得的收入包括基本工资 3200 元、教授津贴 6000 元，因公出差取得差旅费津贴 420 元，按照所在省人民政府规定的比例提取并缴付的“五险一金”1455 元。

（2）5 月 10 日因担任另一高校的博士论文答辩取得答辩费 5000 元，同日晚上为该校作一场学术报告取得收入 3000 元。

（3）自 1 月 1 日起将自有的面积为 120 平方米的住房按市场价格出租给李某居住，每月租金 5500 元，租期为一年，全年租金收入 66000 元。其中，7 月份因墙面开裂发生维修费用 3200 元，取得装修公司出具的正式发票。

（4）7 月取得国债利息收入 1850 元、一年期定期储蓄存款利息收入 375 元、某上市公司发行的企业债利息收入 1000 元。

（5）8 月份因持有两年前购买的某上市公司股票 13000 股，取得该公司年中股票分红所得 2600 元。

附：工资、薪金所得个人所得税税率表

级数	全月含税应纳税所得额	税率（%）	速算扣除数（元）
1	不超过 1500 元的	3	0
2	超过 1500~4500 元的部分	10	105
3	超过 4500~9000 元的部分	20	555
4	超过 9000~35000 元的部分	25	1005
5	超过 35000~55000 元的部分	30	2755
6	超过 55000~80000 元的部分	35	5505
7	超过 80000 元的部分	45	13505

要求：

根据以上资料，按照下列序号计算回答问题，每问需计算出合计数。

（1）计算赵教授1月从学校取得的收入应缴纳的个人所得税。

（2）计算赵教授5月10日取得的答辩费和作学术报告取得收入应缴纳的个人所得税。

（3）计算赵教授7月取得的租金收入应缴纳的个人所得税（不考虑租金收入应缴纳的其它税收及附加）。

（4）计算赵教授7月取得的利息收入应缴纳的个人所得税。

（5）计算赵教授8月份取得的上市公司股票分红收入应缴纳的个人所得税。

四、综合题

1. 位于县城的某白酒生产企业为增值税一般纳税人，2014年8月生产经营业务如下：

（1）进口仪器设备一台，国外买价64000元，运抵我国入关前支付的运费4200元、保险费3800元；入关后运抵企业所在地，取得运输公司开具的增值税专用发票，注明运费1 600元、税额176元。

（2）外购食用酒精100吨，每吨不含税价8000元，取得的增值税专用发票上注明金额800000元、税额136000元；取得的运输业增值税专用发票上注明运费金额50000元、税额5500元；取得的增值税专用发票上注明装卸费30000元、税额1800元。

（3）销售粮食白酒60吨给某专卖店，每吨销售价格26000元、增值税销项税额4420元，共计应收含税销售额1825200元。由于专卖店提前支付价款，企业给予专卖店3%的销售折扣，实际收款1770444元。另外，取得运输公司开具的增值税专用发票，注明运费 120000 元、税额 13200 元。

（4）销售与业务（3）同品牌粮食白酒 50 吨给独立核算的全资子公司（销售公司），每吨售价 20000 元，开具增值税专用发票取得销售额共计 1000000 元、税额 170000 元。

（5）直接零售给消费者个人薯类白酒 25 吨，每吨售价 33462 元并开具普通发票，共计取得含税销售额 836550 元。

（6）月末盘存时发现，由于管理不善当月购进的酒精被盗 2.5 吨，经主管税务机关确认作为损失转营业外支出处理。

（其他相关资料：关税税率 12%，白酒消费税税率 20% 加 0.5 元 /500 克，上述业务涉及的相关票据均已通过主管税务机关比对认证。）

该白酒生产企业自行计算 8 月应缴纳的各项税费如下：

A. 进口设备应缴纳增值税 =（64000+4200+3800+1600）×（1+12%）×17%=14013.44 元

B. 可抵扣的进项税额 =136000+176+5500+1800+13200+14013.44=170689.44 元

C. 销项税额 =（1770444+1000000+836550）×17%=613188.98 元

D. 损失酒精转出进项税额 =2.5×8000×17%=3400 元

E. 应缴纳增值税 =613188.98−170689.44+3400=445899.54 元

F. 应缴纳的消费税 =（1770444+1000000+836550）×20%+（60+50+25）×2000×0.5=721398.8+135000=856398.8 元

G. 应缴纳城市维护建设税、教育费附加、地方教育附加 =（445899.54+856398.8）×（5%+3%+2%）=130229.83 元

要求：

根据上述相关资料，按顺序回答下列问题，如有计算，每问需计算出合计数。

（1）按 A 至 G 的顺序指出该企业自行计算 8 月应缴纳税费的错误之处，并简要说明理由。

（2）计算该企业进口设备应缴纳的增值税。

（3）计算该企业 8 月可抵扣的进项税额。

（4）计算该企业 8 月的销项税额。

（5）计算该企业损失酒精应转出的进项税额。

（6）计算该企业 8 月应缴纳的增值税。

（7）计算该企业 8 月应缴纳的消费税。

（8）计算该企业 8 月应缴纳的城建税、教育费附加和地方教育附加。

2. 位于市区的某制药公司由外商持股 75% 且为增值税一般纳税人，该公司 2013 年主营业务收入 5500 万元，其他业务收入 400 万元，营业外收入 300 万元，主营业务成本 2800 万元，其他业务成本 300 万元，营业外支出 210 万元，营业税金及附加 420 万元，管理费用 550 万元，销售费用 900 万元，财务费用 180 万元，投资收益 120 万元。

当年发生的其中部分具体业务如下：

（1）向境外股东企业支付全年技术咨询指导费 120 万元。境外股东企业常年派遣指导专员驻本公司并对其工作成果承担全部责任和风险，对其业绩进行考核评估。

（2）实际发放职工工资 1200 万元（其中残疾人员工资 40 万元），发生职工福利费支出 180 万元，拨缴工会经费 25 万元并取得专用收据，发生职工教育经费支出 20 万元，以前年度累计结转至本年的职工教育经费未扣除额为 5 万元。另为投资者支付商业保险费 10 万元。

（3）发生广告费支出 800 万元，非广告性质的赞助支出 50 万元。发生业务招待费支出 60 万元。

（4）从事《国家重点支持的高新技术领域》规定项目的研究开发活动，对研发费用实行专账管理，发生研发费用支出 100 万元且未形成无形资产。

（5）对外捐赠货币资金 140 万元（通过县级政府向贫困地区捐赠 120 万元，直接向某学校捐赠 20 万元）。

（6）为治理污水排放，当年购置污水处理设备并投入使用，设备购置价为 300 万元（含增值税且已作进项税额抵扣）。处理公共污水，当年取得收入 20 万元，相应的成本费用支出为 12 万元。

（7）撤回对某公司的股权投资取得 100 万元，其中含原投资成本 60 万元，相当于被投资公司累计未分配利润和累计盈余公积按减少实收资本比例计算的部分 10 万元。

（其它相关资料：除非特别说明，各扣除项目均已取得有效凭证，相关优惠已办理必要手续；因境外股东企业在中国境内会计账簿不健全，主管税务机关核定技术咨询指导劳务的利润率为 20% 且指定该制药公司为其税款扣缴义务人；购进的污水处理设备为《环境保护专用设备企业所得税优惠目录》所列设备。）

要求：

根据上述资料，按照下列顺序计算回答问题。

（1）分别计算在业务（1）中该制药公司应当扣缴的企业所得税、增值税、城市维护建设税、教育费附加及地方教育附加金额。

（2）计算业务（2）应调整的应纳税所得额。

（3）计算业务（3）应调整的应纳税所得额。

（4）计算业务（4）应调整的应纳税所得额。

（5）计算业务（5）应调整的应纳税所得额。

（6）计算业务（6）应调整的应纳税所得额和应调整的应纳税额。

（7）计算业务（7）应调整的应纳税所得额。

（8）计算该制药公司 2013 年应纳企业所得税税额。

2014年度注册会计师全国统一考试·税法考试真题（A卷）参考答案深度全面解析与应试重点

一、单项选择题

1.【参考答案】A

【本题考点】免征耕地占用税的情形

【解析】税法规定，以下情况免征耕地占用税：军事设施占用耕地；学校、幼儿园、养老院、医院占用耕地。可见选项A符合免税条件。而建厂房占用鱼塘、高尔夫球场占用耕地、商品房建设占用林地均不符合免税天剑，需要缴纳耕地占用税。答案选A。

2.【参考答案】C

【本题考点】出口货物的完税价格

【解析】税法规定，出口货物的完税价格，由海关以该货物向境外销售的成交价格为基础审查确定，并应包括货物运至我国境内输出地点装载前的运费及其相关费用、保险费，但其中包含的出口关税税额，应当扣除。出口货物的成交价格中含有支付给境外的佣金的，如果单独列明，应当扣除。

因此，出口货物完税价格为170–12=158（万元），应纳出口关税为158×20%=31.6（万元）。

3.【参考答案】B

【本题考点】减半、免征企业所得税的内容

【解析】企业从事以下农、林、牧、渔业项目的所得，免征企业所得税：

（1）蔬菜、谷物、薯类、油料、豆类、棉花、麻类、糖料、水果、坚果的种植；

（2）农作物新品种的选育；

（3）中药材的种植；

（4）林木的培育和种植；

（5）牲畜、家禽的饲养；

（6）林产品的采集；

（7）灌溉、农产品初加工、兽医、农技推广、农机作业和维修等农、林、牧、渔服务业项；

（8）远洋捕捞，企业从事以下项目的所得，减半征收企业所得税：（1）花卉、茶以及其他饮料作物和香料作物的种植；（2）海水养殖、内陆养殖。

花卉种植、海水养殖、内陆养殖均应减半征收企业所得税，只有蔬菜种植免征所得税。答案选B。

4.【参考答案】C

【本题考点】房产税的征税范围

【解析】房产税并不是对所有的房屋都征税，而仅仅是对城镇的商品房、经营性房屋征税，选项A错误；房产，是指有屋面和围护结构，能够遮风避雨，可供人们在其中生产、学习、工作、娱乐、居住或储藏物资的场所。但独立于房屋的建筑物如围墙、暖房、水塔、烟囱、室外游泳池等不属于房产，不征收房产税，选项B错误；个人拥有的市区经营性用房属于房产税征税范围，选项C正确；房地产开采企业建造的商品房，在出售前，不征收房产税；但对出售前房地产开发企业已使用或出租、出借的商品房应按规定征收房产税，选项D错误。

5.【参考答案】C

【本题考点】资源税的征收范围

【解析】征收资源税的天然气，指专门开采或与原油同时开采的天然气，暂不包括煤矿生产的天然气。答案选C。

6.【参考答案】C

【本题考点】车船税的计算

【解析】根据税法规定，挂车按照货车税额的50%计算车船税。

因此，该厂应纳的车船税额为1.499×3×16+1.2×16×50%+2×360=801.55（元）。答案选C。

7.【参考答案】B

【本题考点】个人所得税的计算

【解析】根据教材2013年内容，投资者及其家庭发生的生活费用不允许在税前扣除，但是根据现行政策规定，对于生产经营与个人家庭生活混用难以分清的费用，其40%视为与生产经营有关的费用，可以税前扣除，选项A错误；作为个体工商户，生产经营所得应纳个人所得税的计税依据为20−18+8−3500×12/10000=5.8（万元），选项B正确；纳税人如不能提供合法、完整、准确的财产原值凭证，不能正确计算财产原值的，按转让收入额的3%征收率计算缴纳个人所得税；拍卖品为经文物部门认定是海外回流文物的，按转让收入额的2%征收率计算缴纳个人所得税。选项C错误；文物拍卖取得的收入应单独按照“财产转让所得”来计算缴纳个人所得税，而不能并入个体工商户生产经营所得计税，选项 D 错误。答案选 B。

8.【参考答案】A

【本题考点】个人所得税的计算和筹划方案选择

【解析】纳税人取得全年一次性奖金，应单独作为一个月工资、薪金所得计算纳税。年终奖个人所得税计算方式如下：

（1）发放年终奖的当月工资高于 3500 元时，年终奖扣税方式为：年终奖 × 税率 – 速算扣除数，税率是按年终奖 /12 作为"应纳税所得额"对应的税率。

（2）当月工资低于 3500 元时，年终奖个人所得税 =[年终奖 –（3500– 月工资）]× 税率 – 速算扣除数，税率是按年终奖 –（3500– 月工资）除以 12 作为"应纳税所得额"对应的税率。

该题需要对每个选项进行计算，最终比较才能得出结果。计算过程如下：

对于选项 A 所述情形：月平均奖为 54000/12=4500（元）

全年一次性奖金应纳个人所得税为 54000×10%–105=5295（元）

工资所得应纳个人所得税为（16000–3500）×25%–1005=2120（元）

总计应纳个人所得税为 5295+2120=7415（元）

对于选项 B 所述情形：月平均奖为 55000/12=4583.33（元）

全年一次性奖金应纳个人所得税为 55000×20%–555=10445（元）

工资所得应纳个人所得税为（15000–3500）×25%–1005=1870（元）

总计应纳个人所得税为 10445+1870=12315（元）

对于选项 C 所述情形：月平均奖为 55500/12=4625（元）

全年一次性奖金应纳个人所得税为 55500×20%–555=10545（元）

工资所得应纳个人所得税为（14500–3500）×25%–1005=1745（元）

总计应纳个人所得税为 10545+1745=12290（元）

对于选项 D 所述情形：月平均奖为 60000/12=5000（元）

全年一次性奖金应纳个人所得税为 60000×20%–555=11445（元）

工资所得应纳个人所得税为（10000–3500）×20%–555=745（元）

总计应纳个人所得税为 11445+745=12190（元）

通过比较可以发现选项 A 的方案需要缴纳的个人所得税最少，答案选 A。

9.【参考答案】C

【本题考点】印花税的征税范围

【解析】企业执行"两则"启用新账簿后，其"实收资本"和"资本公积"两项按新增部分的万分之五交纳项的合计金额大于原已贴花资金的，就增加的部分补贴印花，新建其他账簿和专利证按照每件5元贴花，税务登记证不属于印花税的征税范围，不需要计算缴纳印花税。因此，该企业上述凭证应纳印花税为120×10000×0.5‰+（12+1）×5=665（元）。

10.【参考答案】D

【本题考点】税法基本原则中的核心

【解析】税收法定原则是税法基本原则中的核心。答案选D。

11.【参考答案】B

【本题考点】个人所得税的计算

【解析】根据《中华人民共和国个人所得税法》及其实施条例规定，证券经纪人从证券公司取得的佣金收入，应按照“劳务报酬所得”项目缴纳个人所得税。证券经纪人佣金收入由展业成本和劳务报酬构成，对展业成本部分不征收个人所得税。根据目前实际情况，证券经纪人展业成本的比例暂定为每次收入额的40%。证券经纪人以一个月内取得的佣金收入为一次收入，其每次收入先减去实际缴纳的营业税及附加，再减去展业成本，余额按个人所得税法规定计算缴纳个人所得税。

因此，王某试用期间取得佣金收入应缴纳的个人所得税为：

[20000−20000×5%×（1+7%+3%+2%）−20000×40%]×（1−80%）×20%×3=5222.4（元）。答案选B。

12.【参考答案】D

【本题考点】委托加工的应税消费品如何计算消费税

【解析】委托加工的应税消费品，按照受托方的同类消费品的销售价格计算纳税；没有同类消费品销售价格的，按照组成计税价格计算纳税。

实行从价定率办法计算纳税的组成计税价格计算公式：

组成计税价格=（材料成本+加工费）÷（1−比例税率）

实行复合计税办法计算纳税的组成计税价格计算公式：

组成计税价格=（材料成本+加工费+委托加工数量×定额税率）÷（1−比例税率）

运费应当合计进入消费品的材料成本。

因此乙企业应代收代缴的消费税为（50+1+5）/（1−5%）×5%=2.95（万元）。

13.【参考答案】A

【本题考点】增值税的纳税范围

【解析】税法规定，国内运输收入应按“交通运输业”计算缴纳增值税；中华人民共和国境内（以下称境内）的单位和个人销售的国际运输服务，适用增值税零税率；航空地面服务包括旅客安全检查服务、停机坪管理服务、机场候机厅管理服务、飞机清洗消毒服务、空中飞行管理服务、飞机起降服务、飞行通讯服务、地面信号服务、飞机安全服务、飞机跑道管理服务、空中交通管理服务等。因此，飞机清洗消毒收入应按“物流辅助服务——航空服务”计算缴纳增值税，购进飞机配件取得了增值税专用发票，可以抵扣进项税额。因此，该公司6月应缴纳增值税为1387.5/（1+11%）×11%+127.2/（1+6%）×6%−110.5=34.2（万元）。

14.【参考答案】D

【本题考点】电梯如何缴纳流转税

【解析】电梯属于增值税应税货物的范围，但安装运行之后，则与建筑物一道形成不动产。因此，对企业销售电梯（自产或购进的）并负责安装及保养、维修取得的收入，一并征收增值税；对不从事电梯生产、销售，只从事电梯保养和维修的专业公司对安装运行后的电梯进行的保养、维修取得的收入，征收营业税。

因此，该公司2014年7月应缴纳的增值税为：

（526.5+29.25+11.7+5.85）/（1+17%）×17%−68=15.3（万元）。

提示：本题设定的时间为2014年7月，此时全面营改增并未实现。

15.【参考答案】B

【本题考点】行政处罚的规定

【解析】根据《中华人民共和国税收征收管理法》（第九届全国人民代表大会常务委员会第二十一次会议修订）第七十四条规定：“本法规定的行政处罚，罚款额在二千元以下的，可以由税务所决定。”答案选B。

16.【参考答案】A

【本题考点】城市维护建设史的计税依据

【解析】该题设定于2014年，设定于全面营改增实施之前。在此时城市维护建设税的计税依据，是指纳税人实际缴纳的营业税、增值税、消费税税额。同时，城市维护建设税还有进口不征、出口不退的特点。被代收代缴的消费税，应由受托方在受托方所在地代收代缴城建税。由于该企业位于县城，因此适用5%的税率。甲企业本月应缴纳的城市维护建设税=（350−50+530−30）×5%=40（万元）。

17.【参考答案】C

【本题考点】有关代扣、代收、代征税款手续费退库的行政规定

【解析】除法律、行政法规另有规定外，各级税务机关均不得从税款中直接提取

手续费或办理退库，各级国库不得办理代扣、代收、代征税款手续费退库，选项A、D错误；个人办理代扣代缴税款手续，按规定取得的扣缴手续费，免征个人所得税，选项B错误；对扣缴义务人未履行扣缴义务的，可处以应扣未扣税款50%以上3倍以下的罚款，选项C正确。答案选C。

18.【参考答案】C

【本题考点】担保业务如何缴纳营业税

【解析】该题出于2014年，设定于全面营改增实施之前。因此，担保业务还缴纳营业税。境外母公司提供担保劳务，企业为接受劳务方。因企业在境内，境外母公司属于在中国境内提供劳务。

因此，该母公司就收取的担保费应在我国缴纳的营业税为100×5%=5（万元）。

19.【参考答案】D

【本题考点】进口环节缴纳消费税的计算

【解析】进口环节应当计算缴纳消费税。邮运的进口货物，应当以邮费作为运输及其相关费用、保险费。

因此，该公司当月应缴纳消费税为（30+1）×（1+15%）/（1−30%）×30%=15.28（万元）。

20.【参考答案】B

【本题考点】增值税的纳税范围

【解析】翻译服务按照“咨询服务”计算缴纳增值税，不缴纳营业税，选项A错误；专利检索服务取得的收入应按“文化创意服务”计算缴纳增值税而非营业税，选项C错误；对专利战略分析、制定和实施方案的制作收入属于“营改增”的范围，按“文化创意服务”计算缴纳增值税而非营业税，选项D错误。答案选B。

提示：该题出于2014年，设定于全面营改增实施之前。目前，专利文书写作培训收入已经征收增值税。

21.【参考答案】D

【本题考点】关税的税率确定

【解析】对由于税则归类的改变、完税价格的审定或其他工作差错而需补税的，应按原征税日期实施的税率征税，选项A错误；加工贸易进口料、件等属于保税性质的进口货物，如经批准转为内销，应按向海关申报转为内销之日实施的税率征税；如未经海关批准擅自转为内销的，则按海关查获日期所实行的税率征税，选项B错误；分期支付租金的租赁进口货物，分期付税时，适用海关接受纳税人再次填写报关单申报办理纳税及有关手续之日实施的税率征税，选项C错误；进口仪器到达前，经海关核准先行申报的，按装载此仪器的运输工具申报进境之日实施的税率征税，选项D正确。答案选D。

22.【参考答案】D

【本题考点】城镇土地使用税的征税范围和免税内容

【解析】对于非营利性医疗机构、疾病控制机构和妇幼保健机构等卫生机构自用的土地，免征城镇土地使用税，而营利性医疗机构自用的土地需要缴纳土地使用税，选项A错误；公园自用的土地免征城镇土地使用税，但是公园中附设的营业单位如影剧院、饮食部、茶社、照相馆等使用的土地不免税，选项B错误；免税单位无偿使用纳税单位的土地，免征城镇土地使用税，纳税单位无偿使用免税单位的土地，纳税单位应照章缴纳城镇土地使用税，选项C错误，选项D正确。答案选D。

23.【参考答案】A

【本题考点】土地增值税的征税范围

【解析】凡转让国有土地使用权、地上建筑及其附着物并取得收入的单位和个人为土地增值税纳税人，选项A正确；房产所有人、土地使用权所有人通过中国境内非营利的社会团体、国家机关将房屋产权、土地使用权赠与教育、民政和其他社会福利、公益事业的，不属于土地增值税的征税范围，不需要计算缴纳土地增值税，选项B说法错误；对于以房地产进行投资、联营的，投资、联营的一方以土地（房地产）作价入股进行投资或作为联营条件，将房地产转让到所投资、联营的企业中时，暂免征收土地增值税。对投资、联营企业将上述房地产再转让的，应征收土地增值税。对于一方出地，一方出资金，双方合作建房，建成后按比例分房自用的，暂免征收土地增值税；建成后转让的，应征收土地增值税，选项C说法错误；房地产的代建房行为不属于土地增值税的征税范围，不需要计算缴纳土地增值税，选项D说法错误。答案选A。

24.【参考答案】B

【本题考点】消费税的计算

【解析】纳税人生产的应税消费品，于纳税人销售时纳税。纳税人自产自用的应税消费品，用于连续生产应税消费品的，不纳税；用于其他方面的，于移送使用时纳税。其中用于其他方面的是指纳税人将自产自用应税消费品用于生产非应税消费品、在建工程、管理部门、非生产机构、提供劳务、馈赠、赞助、集资、广告、样品、职工福利、奖励等方面。

因此，用于赠送福利院和发放给职工做福利的地板应视同销售计算缴纳消费税。

该企业当月应缴纳的消费税额为（160+113）×5%+（160+113）/（800+500）×（200+300）×5%=18.9（万元）。

二、多项选择题

1.【参考答案】A、C、D

【本题考点】税务行政处罚的种类

【解析】在税务行政复议规则中明确的税务行政处罚有三类：罚款、停止出口退税权、没收违法所得。答案选 A、C、D。

2.【参考答案】C、D

【本题考点】个人所得税的纳税范围

【解析】企业通过价格折扣、折让方式向个人销售商品（产品）和提供服务，不征收个人所得税，选项 A 错误；企业在向个人销售商品（产品）和提供服务的同时给予赠品，如通信企业对个人购买手机赠话费、入网费，或者购话费赠手机等，不征收个人所得税，选项 B 错误；“偶然所得”项目需征收个人所得税，选项 C 正确；企业对累积消费达到一定额度的顾客，给予额外抽奖机会，个人的获奖所得，按照“偶然所得”项目，全额适用 20% 的税率缴纳个人所得税，选项 D 正确。答案选 C、D。

3.【参考答案】A、B、C

【本题考点】非居民企业免征企业所得税的所得

【解析】根据《中华人民共和国企业所得税法实施条例》(中华人民共和国国务院令第 512 号）第九十一条的规定，非居民企业取得下列所得可以免征企业所得税：

（1）外国政府向中国政府提供贷款取得的利息所得；

（2）国际金融组织向中国政府和居民企业提供优惠贷款取得的利息所得；

（3）经国务院批准的其他所得。

答案选 A、B、C。

4.【参考答案】C、D

【本题考点】关税完税价格的计算

【解析】关税完税价格是海关以进出口货物的实际成交价格为基础，经调整确定的计征关税的价格。

（1）以成交价格为基础的完税价格。

进口货物的完税价格包括货物的货价、货物运抵我国境内输入地点起卸前的运输及其相关费用、保险费。

进口货物完税价格=货价+采购费用（包括货物运抵中国关境内输入地起卸前的运输、保险和其他劳务等费用）。

（2）实付或应付价格调整规定如下：

计入完税价格的项目	不计入完税价格的项目
①买方负担的除购货佣金以外的佣金和经纪费。 ②由买方负担的与该货物视为一体的容器费用； ③由买方负担的包装材料和包装劳务费用； ④与该货物的生产和向我国境内销售有关的，在境外开发、设计等相关服务的费用。 ⑤作为该货物向中华人民共和国境内销售的条件，买方必须支付的、与该货物有关的特许权使用费； ⑥卖方直接或间接从买方对该货物进口后转售、处置或使用所得中获得的收益	①厂房、机械、设备等货物进口后的基建、安装、装配、维修和技术服务的费用； ②货物运抵境内输入地点之后的运输费用； ③进口关税及其他国内税； ④为在境内复制进口货物而支付的费用； ⑤境内外技术培训及境外考察费用

因此，答案选C、D。

5.【参考答案】C、D

【本题考点】税务机关在为申请人开具税收证明时的规定

【解析】税务机关在为申请人开具税收证明时，应当按其收入或财产的不同类别、来源，由收入来源地或者财产所在地国家税务局、地方税务局分别开具，选项A错误；申请人有未完税事项的，允许补办申报纳税后开具税收证明，选项B错误；拟转移财产已取得完税凭证的，不需再向税务机关申请税收证明，选项C正确；拟转移财产总价值在人民币15万元以下的，可不需向税务机关申请税收证明，选项D正确。答案选C、D。

6.【参考答案】A、B

【本题考点】税收筹划思路

【解析】在技术进步情况下，宜采用加速折旧法，所以选项A正确；当企业属于盈利状态时，企业在当期发生的费用可以在缴纳企业所得税之前进行扣除，而费用项的增多会减少企业的应纳税所得额，最终可以减少企业应缴纳的企业所得税。因此，固定资产在购买后，应当尽量扩大当期折旧额，将费用尽早在税前扣除，因此选项B正确，选项D错误；想要扩大当期折旧，可以采用缩短折旧年限即采用加速折旧的方法实现，而且当月购进的固定资产应该在次月计提折旧，所以选项C错误；答案选A、B。

7.【参考答案】A、B、C

【本题考点】抵押物的种类规定

【解析】税法规定，下列财产可以抵押：

（1）抵押人所有的房屋和其他地上定着物；

（2）抵押人所有的机器、交通运输工具和其他财产；

（3）抵押人依法有权处分的国有的房屋和其他地上定着物；

（4）抵押人依法有权处分的国有的机器、交通运输工具和其他财产；

（5）经设区的市、自治州以上税务机关确认的其他可以抵押的合法财产。以依法取得的国有土地上的房屋抵押的，该房屋占用范围内的国有土地使用权同时抵押。以乡（镇）、村企业的厂房等建筑物抵押的，其占用范围内的土地使用权同时抵押。

而下列财产不得抵押：

（1）土地所有权；

（2）土地使用权，但本办法第十六条规定的除外；

（3）学校、幼儿园、医院等以公益为目的的事业单位、社会团体、民办非企业单位的教育设施、医疗卫生设施和其他社会公益设施；

（4）所有权、使用权不明或者有争议的财产；

（5）依法被查封、扣押、监管的财产；

（6）依法定程序确认为违法、违章的建筑物；

（7）法律、行政法规规定禁止流通的财产或者不可转让的财产。

（8）经市、自治州以上税务机关确认的其他不予抵押的财产。学校、幼儿园、医院等以公益为目的的事业单位、社会团体，可以其教育设施、医疗卫生设施和其他社会公益设施以外的财产为其应缴纳的税款及滞纳金提供抵押。

答案选 A、B、C。

8.【参考答案】B、D

【本题考点】印花税的征税范围

【解析】银行根据业务管理需要设置的各种登记簿，如空白重要凭证登记簿、有价单证登记簿、现金收付登记簿等，其记载的内容与资金活动无关，仅用于内部备查，属于非营业账簿，均不征收印花税，选项 A 错误；财产租赁合同属于印花税的征税范围，选项 B 正确；对发电厂与电网之间、电网与电网之间（国家电网公司系统、南方电网公司系统内部各级电网互供电量除外）签订的购售电合同按购销合同征收印花税。电网与用户之间签订的供用电合同不属于印花税列举征税的凭证，不征收印花税，选项 C 错误；各类出版单位与发行单位之间订立的图书、报纸、期刊以及音像制品的征订凭证（包括订购单、订数单等），应由持证双方按规定纳税。征订凭证适用印花税“购销合同”税目，计税金额按订购数量及发行单位的进货价格计算，选项D正确。答案选B、D。

9.【参考答案】B、D

【本题考点】消费税、车辆购置税的纳税范围和计算

【解析】汽车在生产、进口环节缴纳消费税，在销售环节不需再缴纳消费税，选项A错误；游艇生产企业应缴纳消费税为120×10%=12（万元），选项B正确；车辆购置税的征税范围为汽车、摩托车、电车、挂车、农用运输车，游艇不属于车辆购置税的征收范围，选项C错误；旅游公司应缴纳的小汽车车辆购置税为40×10%=4（万元），选项D正确。答案选B、D。

10.【参考答案】B、C、D

【本题考点】中央、地方收入的分配

【解析】中央地方共享税包含：

（1）增值税：中央分享75%，地方分享25%。

（2）所得税：除铁路运输、国家邮政、中国工商银行、中国农业银行、中国银行、中国建设银行、国家开发银行、中国农业发展银行、中国进出口银行以及海洋石油天然气企业缴纳的所得税归中央收入外，其他企业所得税、个人所得税由中央与地方按比例分享。2002年所得税收中央分享50%，地方分享50%；2003年所得税收中央分享60%，地方分享40%；2003年以后年份的分享比例根据实际收入情况再行确定。同时，以2001年为基期，地方分享的所得税收入，若小于地方实际所得税收入，差额部分由中央作为基数返还地方；若大于地方实际所得税收入，差额部分由地方作为基数上解中央。

（3）资源税：陆地资源税归地方收入，海洋石油资源税归中央收入。

（4）证券交易印花税：2002年起，中央分享97%，地方分享3%。

消费税属于中央政府固定收入。答案选B、C、D。

11.【参考答案】A、C

【本题考点】营业税的纳税范围

【解析】本题出于2014年，此时还未进行全面营改增。

李某收取的代办费、保险公司收取的保险费均应缴纳营业税；而交管部门收取的罚款收入、维修厂收取的维修费收入不属于营业税征税范围，不缴纳营业税，选项B、D错误。答案选A、C。

12.【参考答案】B、C

【本题考点】房产税的计算和征收

【解析】从 2001 年 1 月 1 日起，对个人按市场价格出租的居民住房，用于居住的，可暂减按 4% 的税率征收房产税，选项 A 错误；宗教寺庙、公园、名胜古迹自用的房产免征房产税。但经营用的房产不免，选项 B 正确；实行全额预算管理的事业单位所有的，本身业务范围内使用的房产免征房产税，对外出租的不是“自用”的所以不免税，应按规定计算缴纳房产税，选项 D 错误。

13.【参考答案】A、B、C

【本题考点】城市维护建设税的计税依据和特点

【解析】本题出于 2014 年，此时还未进行全面营改增。城市维护建设税是以增值税、消费税、营业税实际缴纳的税额作为计税依据并同时征收的，因此，增值税、消费税、营业税减税或免税的同时，城市维护建设税也相应减税或免税。一般不予以单独减免。且城市维护建设税属于“出口不退，进口不征”。纳税人违反“三税”有关税法而加收的滞纳金和罚款，是税务机关对纳税人违法行为的经济制裁，不作为城建税的计税依据。

14.【参考答案】A、D

【本题考点】增值税的纳税范围

【解析】物流辅助服务，包括航口服务、港口码头服务、货运客运场站服务、打捞救助服务、货物运输服务、代理报关服务、仓储服务和装卸搬运服务。货物保管收入和装卸搬运收入按照“物流辅助服务”计算增值税销项税额，适用税率为 6%。交通运输业适用税率为 11%。因此，货物保管收入的销项税额为 40.28/（1+6%）×6%=2.28（万元），选项 A 正确；装卸搬运收入的销项税额为 97.52/（1+6%）×6%=5.52（万元），选项 B 错误；国际运输收入适用零税率不需要计算销项税额，选项 C 错误；国内运输收入应按“交通运输业”计算增值税销项税额为 754.8/（1+11%）×11%=74.8（万元），选项 D 正确。答案选 A、D。

三、计算问答题

1.【本题考点】营业税的计算

【参考答案及解析】

提示：该题设定发生于 2014 年，此时并未实现全面营改增，餐饮业依然缴纳营业税。

（1）从事饮食业、商业、娱乐业的单位利用啤酒生产设备生产的啤酒属于混合销售，应该交营业税和消费税。因为主营业务决定了是交营业税的单位，而销售啤酒只是附带的，所以一起要并入销售额交营业税。

因此，啤酒屋应缴纳的服务业营业税为 400000×5%=20000（元）。

（2）啤酒屋应缴纳的娱乐业营业税为 150000×20%=30000（元）。

（3）啤酒在生产环节缴纳消费税，销售环节不缴纳消费税，因此只有自产啤酒需要缴纳消费税。因此，啤酒屋应缴纳的消费税为 250×0.5=125（元）。

（4）小规模纳税人不可以进行增值税进项税额抵扣。因此，啤酒屋应缴纳增值税为：

100000÷（1+3%）×3%=2912.62（元）。

2.【本题考点】营业税和增值税的计算

【参考答案及解析】

提示：该题出于 2014 年，此时并未实现全面营改增，旅游业仍然征收营业税。

（1）纳税人从事旅游业务的，以其取得的全部价款和价外费用扣除替旅游者支付给其他单位或者个人的住宿费、餐费、交通费、旅游景点门票和支付给其他接团旅游企业的旅游费后的余额为营业额。

旅游业营业税计算公式：应纳税额＝营业额 × 税率

因此，甲旅游公司应缴纳的营业税为：

（400000-100000-40000-50000-90000）×5%=6000（元）。

（2）乙车行取得的租车收入不需缴纳税款。

理由：乙车行取得的跨境运输收入符合增值税零税率规定。

（3）民营客运公司不需要缴纳税款。

理由：企业为本单位职工提供劳务属于非营业活动，不征增值税。

（4）甲旅游公司在计算缴纳营业税时就其境外支付的可扣除部分，应向主管税务机关提交合法有效凭证，如境外收款单位的签收单据等，税务机关存在疑虑时，甲公司应提供境外公证机构的确认证明。

3.【本题考点】进口环节增值税的计算和城建、教育费附加的计算

【参考答案及解析】

（1）进口货物的完税价格包括货物的货价、货物运抵我国境内输入地点起卸前的运输及其相关费用、保险费，进口货物完税价格计算公式如下：

进口货物完税价格＝货价＋采购费用（包括货物运抵中国关境内输入地起卸前的运输、保险和其他劳务等费用）

进口原油应缴纳的关税为（2000+60）×（1+3‰）×1%=20.66（万元）。

（2）当月进口原油应缴纳的增值税为 [（2000+60）×（1+3‰）+20.66]×17%=354.76（万元）。

（3）当月销售原油的增值税销项税额为 [2700+3.51/（1+17%）]×17%=459.51（万元）。

（4）当月应向税务机关缴纳的增值税为 459.51−354.76−0.99=103.76（万元）。

（5）该企业位于县镇，适用 5% 的城市维护建设税税率，3% 的教育费附加税率和 2% 的地方教育费附加税率。因此，该企业当月应缴纳的城市维护建设税、教育费附加和地方教育附加为 103.76×（5%+3%+2%）=10.38（万元）。

（6）需要进行价税分离后，再计算缴纳资源税。

该企业当月应缴纳的资源税为〔2700+3.51/（1+17%）〕×10%=270.3（万元）。

4.【本题考点】个人所得税的计算

【参考答案及解析】

（1）对按照国务院规定发给的政府特殊津贴和国务院规定免纳个人所得税的补贴、津贴，免予征收个人所得税。其他各种补贴、津贴均应计人工资、薪金所得项目征税。下列不属于工资、薪金性质的补贴、津贴或者不属于纳税人本人工资、薪金所得项目的收入，不征税：

1）独生子女补贴；

2）执行公务职工工资制度未纳入基本工资总额的补贴、津贴差额和家属成员的副食品补贴；

3）托儿补助费；

4）差旅费津贴、误餐补助。

因此，赵教授 1 月从学校取得的收入应缴纳的个人所得税：

赵教授 1 月应纳税所得额为 3200+6000−1455−3500=4245（元）；

赵教授 1 月应纳个人所得税额为 4245×10%−105=319.5（元）。

（2）赵教授 5 月 10 日取得的答辩费和作学术报告收入应按照劳务所得缴纳个人所得税，不需要合并计算。

答辩费收入应纳个人所得税额为 5 000×（1−20%）×20%=800（元）；

学术报告收入应纳个人所得税额为（3000−800）×20%=440（元）。

（3）财产租赁所得，是指个人出租房屋建筑物等，计征个人所得税的方法是以一个月内取得的收入为一次，按月征收：

1）每次（月）收入不超过 4000 元的，应纳税额 =[每次收入 − 准予扣除项目（缴纳的营业税等）− 修缮费用（800 元为限）]×20% 或 10%；

2）每次（月）收入在 4000 元以上的，应纳税额 =[每次收入 − 准予扣除项目

（缴纳的营业税等）－修缮费用（800 元为限）]×（1-20%）×20% 或 10%

7 月取得的租金收入属于财产租赁所得，属于出租居住性房产，适用 10% 税率

应纳税所得额为（5500-800）×（1-20%）=3760（元）；

应纳个人所得税为 3760×10%=376（元）。

（4）对储蓄存款利息所得暂免征收个人所得税。对于个人或者企业购买国债取得的利息收入是不用缴纳个人所得税，属于免税的范畴。

因此，7 月取得的利息收入应缴纳的个人所得税为 1000×20%=200（元）。

（5）上市公司分红送股应缴纳的个人所得税是指个人拥有债权、股权而取得的利息、股息、红利所得，以支付利息、股息、红利时取得的收入为一次，适用税率 20%。自 2013 年 1 月 1 日起，上市公司派发股息红利，股权登记日在 2013 年 1 月 1 日之后的，个人从公开发行和转让市场取得的上市公司股票，持股期限在 1 个月以内（含 1 个月）的，其股息红利所得全额计入应纳税所得额；持股期限在 1 个月以上至 1 年（含 1 年）的，暂减按 50% 计入应纳税所得额；持股期限超过 1 年的，暂减按 25% 计入应纳税所得额。

因此，8 月取得的上市公司股票分红收入应缴纳的个人所得税为 2600×25%×20%=130（元）。

四、综合题

1.【本题考点】增值税、消费税的计算

【参考答案及解析】

（1）该自行计算 8 月应缴纳税费的错误及理由如下：

A. 进口设备应缴纳增值税计算错误，进口货物的完税价格，由海关以该货物的成交价格为基础审查确定，并应当包括货物运抵中华人民共和国境内输入地点起卸前的运输及其相关费用、保险费。入关后运抵企业所在地发生的运费不能作为计算关税的基数。

B. 可抵扣的进项税额计算错误，由上一项中进口设备缴纳增值税计算错误导致错误。

C. 销项税额计算错误，原因是销售折扣的金额在计算销项税额时不能扣除，应当计入财务费用；销售粮食白酒的含税销售额应当换算为不含税销售额才能计算销项税额；零售薯类白酒的金额为含税销售额，应换算为不含税销售额后才能计算销项税额。

D. 损失酒精转出的进项税额计算错误，和损失有关的运费、装卸费这类的价外

费用应当和酒精损失的进项税额一起转出。

E. 增值税应纳税额计算错误。前面几项计算错误直接影响到本项结果。

F. 消费税计算错误。销售折扣的金额在计算消费税时不能扣除；销售给子公司50吨的价格应当按照独立企业之间的业务确定价格；含增值税的销售额未换算成不含税销售额计算消费税。

G. 城建税、教育费附加、地方教育附加计算错误。前几项的增值税、消费税计算错误而引起错误。

（2）进口货物的完税价格，由海关以该货物的成交价格为基础审查确定，并应当包括货物运抵中华人民共和国境内输入地点起卸前的运输及其相关费用、保险费。入关后运抵企业所在地发生的运费不能作为计算关税的基数。

因此，进口设备应缴纳增值税为（64000+4200+3800）×（1+12%）×17%=13708.8（元）。

（3）可抵扣的进项税额为136000+5500+1800+13200+176+13708.8=170384.8（元）。

（4）销售折扣的金额在计算销项税额时不能扣除，应当计入财务费用；销售粮食白酒的含税销售额应当换算为不含税销售额才能计算销项税额；零售薯类白酒的金额为含税销售额，应换算为不含税销售额后才能计算销项税额。

因此，销项税额为[1825200÷（1+17%）+1000000+836550÷（1+17%）]×17%=556750（元）。

（5）和损失有关的运费、装卸费这类的价外费用应当和酒精损失的进项税额一起转出。

因此，损失酒精转出进项税额为：

2.5×8000×17%+5500÷100×2.5+1800÷100×2.5=3400+137.5+45=3582.5（元）。

（6）应缴纳增值税为556750−170384.8+3582.5=389947.7（元）。

（7）应缴纳的消费税为：

[1825200÷（1+17%）+50×26000+836550÷（1+17%）×20%]+（60+50+25）×2000×0.5

=715000+135000=850000（元）

（8）该企业位于县镇，适用5%的城市维护建设税税率，3%的教育费附加税率和2%的地方教育费附加税率。

因此，应缴纳城建税、教育费附加、地方教育附加为：

（389947.7+850000）×（5%+3%+2%）=123994.77（元）。

2.【本题考点】企业所得税的计算（应纳税所得额的调整）

【参考答案及解析】

（1）该制药企业应当扣缴的企业所得税为 120/（1+6%）×20%×25%=5.66（万元）。

应当扣缴的增值税为 120/（1+6%）×6%=6.79（万元）。

应当扣缴的城市维护建设税为 6.79×7%=0.48（万元）。

应当扣缴的教育费附加为 6.79×3%=0.20（万元）。

应当扣缴的地方教育附加为 6.79×2%=0.14（万元）。

（2）企业安置残疾人员的，在按照支付给残疾职工工资据实扣除的基础上，按照支付给残疾职工工资的 100% 加计扣除。

因此，应调减应纳税所得额 40 万元。

企业发生的职工福利费支出，不超过工资薪金总额 14% 的部分，准予扣除。

职工福利费 180 万元超过了工资薪金总额的 14%［1200×14%=168（万元）］。

因此，应调增应纳税所得额 180–168=12（万元）。

企业拨缴的职工工会经费，不超过工资薪金总额 2% 的部分，凭工会组织开具的《工会经费收入专用收据》在企业所得税税前扣除。

工会经费 25 万元超过了工资薪金总额的 2%［1200×2%=24（万元）］。

因此，应调增应纳税所得额 25–24=1 万元。

企业发生的职工教育经费支出，不超过工资薪金总额 2.5% 的部分，准予扣除；超过部分，准予在以后纳税年度结转扣除。

可以扣除的职工教育经费限额为 1200×2.5%=30（万元）。

可见，职工教育经费支出可全额扣除，并可扣除上年结转的扣除额 5 万元。

应调减应纳税所得额 5 万元。

除企业依照国家有关规定为特殊工种职工支付的人身安全保险费和国务院财政、税务主管部门规定可以扣除的其他商业保险费外，企业为投资者或者职工支付的商业保险费，不得扣除。因此，为投资者支付的商业保险费应调增应纳税所得额 10 万元。

（3）企业发生的符合条件的广告费和业务宣传费支出，除国务院财政、税务主管部门另有规定外，不超过当年销售（营业）收入 15% 的部分，准予扣除；超过部分，准予在以后纳税年度结转扣除。

计算广告费和业务宣传费扣除的基数为 5500+400=5900（万元）。

可以扣除的广告费限额为 5900×15%=885（万元）。

当年发生的 800 万元广告费无需作纳税调增，但非广告性质的赞助支出不能在税前扣除，因此应调增应纳税所得额 50 万元。

企业发生的与生产经营活动有关的业务招待费支出，按照发生额的 60% 扣除，但最高不得超过当年销售（营业）收入的5‰。

5900×5‰=29.5（万元），大于60×60%=36（万元）。

因此可以扣除的业务招待费为29.5万元。

应调增应纳税所得额为60-29.5=30.5（万元）。

（4）企业开展研发活动中实际发生的研发费用，未形成无形资产计入当期损益的，在按规定据实扣除的基础上，按照本年度实际发生额的50%，从本年度应纳税所得额中扣除；形成无形资产的，按照无形资产成本的150%在税前摊销。因此，应调减应纳税所得额：

100×50%=50万元。

（5）公益性捐赠不超过年度利润总额12%的部分，准予扣除。超标准的公益性捐赠，不得结转以后年度。

企业会计利润为5500+400+300-2800-300-210-420-550-900-180+120=960（万元）。

公益性捐赠的扣除限额为960×12%=115.2（万元），小于120万元。

因此，应调增应纳税所得额120-115.2=4.8（万元）。

除此之外，直接向某学校捐赠的20万元不能税前扣除，因此还应调增应纳税所得额20万元。

（6）处理公共污水可以免税的所得额为20-12=8（万元）。

因此，应调减应纳税所得额8万元。

购置污水处理设备可以抵免的应纳税额为（300/1.17）×10%=25.64（万元）。

因此，应调减的应纳税额为25.64万元。

（7）应调减应纳税所得额10万元。

（8）企业会计利润为960万元。

应纳税所得额为960-40+12+1-5+10+50+30.5-50+4.8+20-8-10=975.3（万元）。

应纳所得税额为975.3×25%-25.64=218.19（万元）。

2014年度注册会计师全国统一考试·税法考试真题（B卷）

一、单项选择题

1. 下列耕地占用的情形中，属于免征耕地占用税的是（　　）。

A. 医院占用耕地

B. 建厂房占用鱼塘

C. 高尔夫球场占用耕地

D. 商品房建设占用林地

2. 下列进口货物中，免征进口关税的是（　　）。

A. 外国政府无偿赠送的物资

B. 具有一定商业价值的货样

C. 因保管不慎造成损坏的进口货物

D. 关税税额为人民币80元的一票货物

3. 下列各项支出中，可以在计算企业所得税应纳税所得额时扣除的是（　　）。

A. 向投资者支付的股息

B. 合理的劳动保护支出

C. 为投资者支付的商业保险费

D. 内设营业机构之间支付的租金

4. 下列房屋及建筑物中，属于房产税征税范围的是（　　）。

A. 农村的居住用房

B. 建在室外的露天游泳池

C. 个人拥有的市区经营性用房

D. 尚未使用或出租而待售的商品房

5. 下列生产或开采的资源产品中，不征收资源税的是（　　）。

A. 卤水

B. 焦煤

C. 地面抽采的煤层气

D. 与原油同时开采的天然气

6. 某机械制造厂 2013 年拥有货车 3 辆，每辆货车的整备质量均为 1.499 吨；挂车 1 部，其整备质量为 1.2 吨；小汽车 2 辆。已知货车车船税税率为整备质量每吨年基准税额 16 元，小汽车车船税税率为每辆年基准税额 360 元。该厂 2013 年度应纳车船税为（　　）。

A. 441.6 元

B. 792 元

C. 801.55 元

D. 811.2 元

7. 杨某 2013 年 5 月因身体原因提前 20 个月退休，企业按照统一标准发放给杨某一次性补贴 120000 元。杨某应就该项一次性补贴缴纳的个人所得税为（　　）。

A. 2900 元

B. 4895 元

C. 9900 元

D. 11895 元

8. 程某就职于境内某传媒公司，每月缴纳“五险一金”3000 元。2013 年 12 月公司拟对其发放当月工资 9000 元、全年一次性奖金 114000 元。下列各项程某当月工资奖金发放的方案中，缴纳个人所得税最少的方案是（　　）。

A. 发放全年一次性奖金 100000 元，工资 23000 元

B. 发放全年一次性奖金 108000 元，工资 15000 元

C. 发放全年一次性奖金 110000 元，工资 13000 元

D. 发放全年一次性奖金 114000 元，工资 9000 元

9. 某企业 2013 年期初营业账簿记载的实收资本和资本公积余额为 500 万元，当年该企业增加实收资本 120 万元，新建其他账簿 12 本，领受专利局发给的专利证 1 件、税务机关重新核发的税务登记证 1 件。该企业上述凭证 2013 年应纳印花税为（　　）。

A. 65 元

B. 70 元

C. 665 元

D. 3165 元

10. 下列各项税法原则中，属于税法适用原则的是（　　）。

A. 税收公平原则

B. 税收法定原则

C. 实质课税原则

D. 程序优于实体原则

11. 某高校教师 2014 年 8 月所取得的下列收入中，应计算缴纳个人所得税的是（　　）。

A. 国债利息收入

B. 任职高校发放的误餐补助

C. 为某企业开设讲座取得的酬金

D. 任职高校为其缴付的住房公积金

12. 甲企业为增值税一般纳税人，2014 年 1 月外购一批木材，取得增值税专用发票注明价款 50 万元、税额 8.5 万元；将该批木材运往乙企业委托其加工木制一次性筷子，取得税务局代开的小规模纳税人运输业专用发票注明运费 1 万元、税额 0.03 万元，支付不含税委托加工费 5 万元。假定乙企业无同类产品对外销售，木制一次性筷子消费税税率为 5%。乙企业当月应代收代缴的消费税为（　　）。

A. 2.62 万元

B. 2.67 万元

C. 2.89 万元

D. 2.95 万元

13. 某船运公司为增值税一般纳税人，2014 年 6 月购进船舶配件取得的增值税专用发票上注明价款 360 万元、税额 61.2 万元；开具普通发票取得的含税收入包括国内运输收入 1287.6 万元、期租业务收入 255.3 万元、打捞收入 116.6 万元。该公司 6 月应缴纳的增值税为（　　）。

A. 87.45 万元

B. 92.4 万元

C. 98.3 万元

D. 103.25 万元

14. 某电梯生产企业为增值税一般纳税人，2014 年 5 月购进原材料取得的增值税专用发票上注明价款 500 万元、税额 85 万元；当月销售自产电梯 6 部并负责安装，开具普通发票取得含税销售额 737.1 万元、安装费 35.1 万元、保养费 14.04 万元、维修费 7.02 万元。该企业 5 月应缴纳的增值税为（　　）。

A. 22.1 万元

B. 25.16 万元

C. 28.22 万元

D. 30.26 万元

15. 下列税务行政处罚情形中，当事人可以在税务机关做出税务行政处罚决定之前要求听证的是（　　）。

A. 某公司被处以 5000 元罚款

B. 某中国公民被处以 500 元罚款

C. 某合伙企业被处以 1500 元罚款

D. 某非营利组织被处以 15000 元罚款

16. 位于市区的甲汽车轮胎厂，2014 年 5 月实际缴纳增值税和消费税 362 万元，其中包括由位于县城的乙企业代收代缴的消费税 30 万元、进口环节增值税和消费税 50 万元、被税务机关查补的增值税 12 万元。补交增值税同时缴纳的滞纳金和罚款共计 8 万元。则甲厂本月应向所在市区税务机关缴纳的城市维护建设税为（　　）。

A. 18.9 万元

B. 19.74 万元

C. 20.3 万元

D. 25.34 万元

17. 下列关于退还纳税人多缴税款的表述中，正确的是（　　）。

A. 纳税人发现多缴税款但距缴款日期已超过 3 年的，税务机关不再退还多缴税款

B. 税务机关发现多缴税款的，在退还税款的同时，应一并计算银行同期存款利息

C. 税务机关发现多缴税款但距缴款日期已超过 3 年的，税务机关不再退还多缴税款

D. 纳税人发现当年预缴企业所得税款超过应缴税额的，可要求退款并加计银行同期存款利息

18. 某境外母公司为其在我国境内子公司提供担保，收取担保费 100 万元。该母公司就收取的担保费应在我国缴纳的营业税为（　　）。

A. 0

B. 3 万元

C. 5 万元

D. 10 万元

19. 某贸易公司 2014 年 6 月以邮运方式从国外进口一批化妆品，经海关审定的货物价格为 30 万元、邮费 1 万元。当月将该批化妆品销售取得不含税收入 55 万元。该批化妆品关税税率为 15%、消费税税率为 30%。该公司当月应缴纳的消费税为（　　）。

A. 9 万元

B. 12.86 万元

C. 14.79 万元

D. 15.28 万元

20. 下列代理服务中，属于营业税征税范围的是（　　）。

A. 邮政代理

B. 代理记账

C. 货物运输代理

D. 房产中介代理

21. 我国某公司 2014 年 3 月从国内甲港口出口一批锌锭到国外，货物成交价格 170 万元（不含出口关税），其中包括货物运抵甲港口装载前的运输费 10 万元、单独列明支付给境外的佣金 12 万元。甲港口到国外目的地港口之间的运输保险费 20 万元。锌锭出口关税税率为 20%。该公司出口锌锭应缴纳的出口关税为（　　）。

A. 25.6 万元

B. 29.6 万元

C. 31.6 万元

D. 34 万元

22. 下列土地中，免征城镇土地使用税的是（　　）。

A. 营利性医疗机构自用的土地

B. 公园内附设照相馆使用的土地

C. 生产企业使用海关部门的免税土地

D. 公安部门无偿使用铁路企业的应税土地

23. 房地产开发企业进行土地增值税清算时，下列各项中，允许在计算增值额时扣除的是（　　）。

A. 加罚的利息

B. 已售精装修房屋的装修费用

C. 逾期开发土地缴纳的土地闲置费

D. 未取得建筑安装施工企业开具发票的扣留质量保证金

24. 甲市某汽车企业为增值税一般纳税人，2014 年 5 月在甲市销售自产小汽车 300 辆，不含税售价 18 万元 / 辆，另收取优质费 2 万元 / 辆；将 200 辆小汽车发往乙市一经贸公司代销，取得的代销清单显示当月销售 120 辆、不含税售价 18.5 万元 / 辆。小汽车消费税税率为 5%，则该汽车企业当月应向甲市税务机关申报缴纳的消费税为（　　）。

A. 295.64 万元

B. 300 万元

C. 406.64 万元

D. 411 万元

二、多项选择题

1. 税务机关实施的下列具体行政行为中，属于行政复议受案范围的有（　　）。

A. 代开发票

B. 税收保全措施

C. 纳税信用等级评定

D. 增值税一般纳税人资格认定

2. 张某在足球世界杯期间参加下列活动所获得收益中，应当缴纳个人所得税的有（　　）。

A. 参加某电商的秒杀活动，以 100 元购得原价 2000 元的足球鞋一双

B. 为赴巴西看球，开通手机全球漫游套餐，获赠价值 1500 元的手机一部

C. 参加某电台举办世界杯竞猜活动，获得价值 6000 元的赴巴西机票一张

D. 作为某航空公司金卡会员被邀请参加世界杯抽奖活动，抽得市价 2500 元球衣一套

3. 下列利息所得中，免征企业所得税的有（　　）。

A. 外国政府向中国政府提供贷款取得的利息所得

B. 国际金融组织向中国政府提供优惠贷款取得的利息所得

C. 国际金融组织向中国居民企业提供优惠贷款取得的利息所得

D. 外国银行的中国分行向中国居民企业提供贷款取得的利息所得

4. 下列船舶中，免征船舶吨税的有（　　）。

A. 养殖渔船

B. 非机动驳船

C. 军队征用的船舶

D. 应纳税额为人民币 100 元的船舶

5. 某外籍个人受某外国公司委派于 2013 年 8 月开始赴中国担任其驻华代表处首席代表，截止 2013 年 12 月 31 日未离开中国。该外籍个人 2013 年取得的下列所得中，属于来源于中国境内所得的有（　　）。

A. 9 月出席境内某经济论坛做主题发言取得的收入

B. 因在中国任职而取得的由境外总公司发放的工资收入

C. 10 月将其拥有的境外房产出租给中国一公司驻该国常设机构取得的租金收入

D. 11 月将其拥有的专利技术许可一境外公司在大陆的分支机构使用取得的收入

6. 某钢铁公司 2014 年 7 月购进一台铣床并在当月投入使用，取得的增值税专用发票注明价款 100 万元、税额 17 万元，同时购进多套备用件，取得的增值税专用发票注明价款 2 万元、税额 0.34 万元。公司预计 2014 至 2016 年将连续亏损。现公司拟对该固定资产进行税收筹划，下列建议正确的有（　　）。

A. 适当延长折旧年限

B. 将备用件计入固定资产原值

C. 从 2014 年 12 月开始计提折旧

D. 将增值税进项税额计入固定资产原值

7. 某房地产开发企业被税务机关要求提供纳税担保，该企业拥有的下列资产中，可以用作纳税抵押品的有（　　）。

A. 小轿车

B. 写字楼

C. 库存钢材

D. 土地所有权

8. 下列凭证中，属于印花税征税范围的有（　　）。

A. 银行设置的现金收付登记簿

B. 个人出租门店签订的租赁合同

C. 电网与用户之间签订的供用电合同

D. 出版单位与发行单位之间订立的图书订购单

9. 某旅游公司 2014 年 8 月从游艇生产企业购进一艘游艇，取得的增值税专用发票注明价款 120 万元、税额 20.4 万元；从汽车贸易公司购进一辆小汽车，取得增值税机动车统一销售发票注明价款 40 万元、税额 6.8 万元；游艇的消费税税率为 10%，小汽车消费税税率为 5%。下列关于上述业务相关纳税事项的表述中，正确的有（　　）。

A. 汽车贸易公司应缴纳消费税 2 万元

B. 游艇生产企业应缴纳消费税 12 万元

C. 旅游公司应缴纳游艇车辆购置税 12 万元

D. 旅游公司应缴纳小汽车的车辆购置税 4 万元

10. 某汽车制造企业缴纳的下列税种中，应向国家税务局系统申报缴纳的有（　　）。

A. 消费税

B. 车辆购置税

C. 城镇土地使用税

D. 城市维护建设税

11. 李某受托代办车辆维修和车检手续过程中发生的下列费用，其收取方应缴纳营业税的有（　　）。

A. 李某收取的代办费

B. 维修厂收取的维修费

C. 保险公司收取的保险费

D. 交管部门收取的交通违规罚款

12. 下列关于契税计税依据的表述中，正确的有（　　）。

A. 购买的房屋以成交价格作为计税依据

B. 接受赠与的房屋参照市场价格核定计税依据

C. 采取分期付款方式购买的房屋参照市场价格核定计税依据

D. 转让以划拨方式取得的土地使用权以补交的土地使用权出让金作为计税依据

13. 下列关于城市维护建设税减免税规定的表述中，正确的有（　　）。

A. 城市维护建设税随“三税”的减免而减免

B. 对国家重大水利工程建设基金免征城市维护建设税

C. 对由海关代征的进口产品增值税和消费税应减半征收城市维护建设税

D. 因减免税而对“三税”进行退库的，可同时对已征收的城市维护建设税实施退库

14. 某航空公司为增值税一般纳税人，2014 年 7 月取得的含税收入包括航空培训收入 57.72 万元、航空摄影收入 222.6 万元、湿租业务收入 199.8 万元、干租业务收入 245.7 万元。该公司计算的下列增值税销项税额，正确的有（　　）。

A. 航空培训收入的销项税额 5.72 万元

B. 航空摄影收入的销项税额 12.6 万元

C. 湿租业务收入的销项税额 19.8 万元

D. 干租业务收入的销项税额 35.7 万元

三、计算问答题

1. 张女士为 A 市甲超市财务管理人员，她从 2014 年 1 月份开始建立家庭消费电子账，6 月份从甲超市购买了下列商品：

（1）粉底液一盒，支出 400 元。

（2）白酒 1000 克，支出 640 元。

（3）食品支出 1010 元，其中：橄榄油 2500 克，支出 400 元；淀粉 1000 克，支出 10 元；新鲜蔬菜 50 千克，支出 600 元。

同时她对部分商品的供货渠道和价格进行了追溯，主要数据如下表：

商品 项目	粉底液	白酒	橄榄油	淀粉	新鲜蔬菜
供货方	B 市化妆品	B 市白酒厂	A 市外贸公司	A 市调料厂	A 市蔬菜公司
供货方式	自产自销	自产自销	进口销售	自产自销	外购批发
不含增值税的供货价	300 元 / 盒	260 元 /500 克	60 元 /500 克	3 元 /500 克	3 元 /500 克

（其他相关资料：化妆品的消费税税率为 30%，白酒消费税税率 20% 加 0.5 元 /500 克。）

要求：

根据上述资料，按照下列序号计算回答问题，每问需计算出合计数。

（1）计算甲超市销售给张女士粉底液的增值税销项税额。

（2）计算甲超市销售给张女士白酒的增值税销项税额。

（3）计算甲超市销售给张女士食品的增值税销项税额。

（4）计算张女士购买粉底液支出中包含的消费税税额，并确定消费税的纳税人和纳税地点。

（5）计算张女士购买白酒支出中包含的消费税税额，并确定消费税的纳税人和纳税地点。

2. 某市一民营客运公司组织优秀员工50人赴深港五日游，公司用自有客车将他们送至深圳某口岸，然后委托可从事跨境业务的深圳甲旅游公司承接后面的行程，按每人8000元共支付给甲旅游公司旅游费40万元。甲公司发生的支出如下：

（1）向深圳乙车行租赁了两辆拥有深港两地运营牌照的大巴用于在香港的运输，均由乙车行配备司机，共支付10万元。

（2）支付给香港旅游公司在香港接团费用9万元。

（3）支付深圳门票费4万元、食宿费5万元、购买旅游保险2万元、导游工资2万元。

（其他相关资料：客运公司同期所出售的由其所在地至深圳某口岸的客票票价为每人200元，所有经营主体非小规模纳税人，当月无可抵扣进项税额。）

要求：

根据上述资料，按照下列序号计算回答问题，每问需计算出合计数。

（1）计算甲旅游公司取得旅游收入应缴纳的营业税，并请说明其计税依据确定的理由。

（2）计算业务（2）中乙车行取得的租车收入是否需要缴纳增值税或营业税？请说明理由。如需要，请计算其应纳税额。

（3）该民营客运公司用自有客车将员工运送至深圳口岸是否需要缴纳增值税或营业税？请说明理由。如需要，请计算其应纳税额。

（4）甲旅游公司在计算缴纳营业税时就其境外支付的可扣除部分，应向主管税务机关提交何种材料？若税务机关有疑义，还应补充提交何种材料？

3. 甲企业 2013 年度发生部分经营业务如下：

（1）1 月份取得国有土地 4000 平方米，签订了土地使用权出让合同，记载的出让金额为 4 000 万元，并约定当月交付；然后委托施工企业建造仓库，工程 4 月份竣工，5 月份办妥了验收手续。该仓库在甲企业账簿“固定资产”科目中记载的原值为 9500 万元。

（2）3 月份该企业因为生产规模扩大，购置了乙企业的仓库 1 栋，产权转移书据上注明的交易价格为 1200 万元，在企业“固定资产”科目上记载的原值为 1250 万元，取得了房屋权属证书。

（其它相关资料：已知当地省政府规定的房产税计算余值的扣除比例为 30%，契税税率 4%，城镇土地使用税税率 20 元 / 平方米，产权交易印花税税率 0.5‰。）

要求：

根据上述资料，按照下列序号计算回答问题。

（1）计算业务（1）甲企业应缴纳的契税、印花税。

（2）计算业务（1）甲企业 2013 年应缴纳的房产税、城镇土地使用税。

（3）计算业务（2）甲企业应缴纳的契税、印花税。

（4）计算业务（2）甲企业 2013 年应缴纳的房产税。

4. 中国公民王某在国内一家企业工作，2014 年上半年取得的收入情况如下：

（1）每月工资总额 5300 元，含个人缴付的年金 500 元和按照规定缴付的“五险一金”800 元。

（2）1 月取得 2013 年度年终奖 48000 元。

（3）3 月承租市区房屋 1 套，每月支付租金 2 000 元；5 月将该房屋转租，每月取得转租收入 4000 元，并按规定缴纳了营业税、城市维护建设税和教育费附加（不考虑其它税费），当月还发生房屋修缮费用 1000 元，取得装修公司正式发票。

（相关资料：该企业从 2014 年开始实行企业年金补充养老制度，王某所在城市上一年度职工月平均工资为 3500 元。王某本年度取得的工资与上年度相同。）

附：工资薪金所得个人所得税税率表

级数	全月含税应纳税所得额	税率（%）	速算扣除数（元）
1	不超过 1500 元的	3	0
2	超过 1500~4500 元的部分	10	105
3	超过 4500~9000 元的部分	20	555
4	超过 9000~35000 元的部分	25	1005
5	超过 35000~55000 元的部分	30	2755
6	超过 55000~80000 元的部分	35	5505
7	超过 80000 元的部分	45	13505

要求：

根据上述资料，计算回答下列问题，每问需计算合计数。

（1）计算企业年全个人缴费工资计税基数。

（2）请计算王某上半年工资收入应缴纳的个人所得税。

（3）计算王某领取年终奖应缴纳的个人所得税。

（4）计算王某5月份转租房屋应缴纳的个人所得税。

四、综合题

1. 某市卷烟生产企业为增值税一般纳税人，2014年6月生产经营业务如下：

（1）进口生产用机械一台，国外买价128000元，运抵我国入关前支付的运费8400元、保险费7600元；入关后运抵企业所在地取得的运输公司开具的增值税专用发票，注明运费3 200元、税额352元。

（2）向农业生产者收购烟叶120吨并给予补贴，收购发票上注明每吨收购价款20000元，共计支付收购价款2400000元；另外，取得运输公司开具的增值税专用发票上注明运费120000元、税额13200元。

（3）销售甲类卷烟400标准箱给某烟草专卖店，每箱售价15000元、销项税额2550元，共计应收含税销售额7020000元。由于专卖店提前支付价款，卷烟企业给予专卖店2%的销售折扣，实际收款6879600元。另外，取得运输公司开具的增值税专用发票，注明运费140000元、税额15400元。

（4）月末将20标准箱与对外销售同品牌的甲类卷烟销售给本企业职工，每箱售价7020元并开具普通发票，共计取得含税销售额140400元。

（5）月末盘存时发现，由于管理不善当月购进的烟叶霉烂变质3.5吨，经主管税务机关确认作为损失转营业外支出处理。

（6）出租货运汽车3辆，开具普通发票取得含税租金收入42120元。

（其他相关资料：关税税率15%，烟叶税税率20%，甲类卷烟消费税税率56%加150元/每标准箱，上述业务涉及的相关票据均已通过主管税务机关比对认证。）

该卷烟生产企业自行计算6月应缴纳的各项税费如下：

A. 进口机械应缴纳增值税 =（128000+8400+7600+3200）×（1+15%）×17%=28777.6（元）

B. 可抵扣的进项税额 =（2400000+120000）×（1+10%）×（1+20%）×13%+352+13200+15400+28777.6=490 161.6（元）

C. 销项税额 =（6879600+140400+42120）×17%=1200560.4（元）

D. 损失烟叶转出进项税额 =3.5×20000×13%=9100（元）

E. 应缴纳增值税 =1200560.4−490161.6+9100=719498.8（元）

F. 应缴纳的消费税 =（6879600+140400+42120）×56%+（400+20）×150=3954787.2+63000=4017787.2（元）

G. 应缴纳城建税、教育费附加、地方教育附加 =（28777.6+719498.8+4017787.2）×（7%+3%+2%）=571927.63（元）

要求：

根据上述相关资料，按顺序回答下列问题，如有计算，每问需计算出合计数。

（1）按A至G的顺序指出该企业自行计算6月应缴纳税费的错误之处，并简要说明理由。

（2）计算该企业进口设备应缴纳的增值税。

（3）计算该企业6月可抵扣的进项税额。

（4）计算该企业6月的销项税额。

（5）计算该企业损失烟叶应转出的进项税额。

（6）计算该企业6月应缴纳的增值税。

（7）计算该企业6月应缴纳的消费税。

（8）计算该企业6月应缴纳的城建税、教育费附加和地方教育附加。

2. 位于市区的某制药公司由外商持股 75% 且为增值税一般纳税人，该公司 2013 年主营业务收入 5500 万元，其他业务收入 400 万元，营业外收入 300 万元，主营业务成本 2800 万元，其他业务成本 300 万元，营业外支出 210 万元，营业税金及附加 420 万元，管理费用 550 万元，销售费用 900 万元，财务费用 180 万元，投资收益 120 万元。

当年发生的其中部分具体业务如下：

（1）向境外股东企业支付全年技术咨询指导费 120 万元。境外股东企业常年派遣指导专员驻本公司并对其工作成果承担全部责任和风险，对其业绩进行考核评估。

（2）实际发放职工工资 1 200 万元（其中残疾人员工资 40 万元），发生职工福利费支出 180 万元，拨缴工会经费 25 万元并取得专用收据，发生职工教育经费支出 20 万元，以前年度累计结转至本年的职工教育经费未扣除额为 5 万元。另为投资者支付商业保险费 10 万元。

（3）发生广告费支出 800 万元，非广告性质的赞助支出 50 万元。发生业务招待费支出 60 万元。

（4）从事《国家重点支持的高新技术领域》规定项目的研究开发活动，对研发费用实行专账管理，发生研发费用支出 100 万元且未形成无形资产。

（5）对外捐赠货币资金 140 万元（通过县级政府向贫困地区捐赠 120 万元，直接向某学校捐赠 20 万元）。

（6）为治理污水排放，当年购置污水处理设备并投入使用，设备购置价为 300 万元（含增值税且已作进项税额抵扣）。处理公共污水，当年取得收入 20 万元，相应的成本费用支出为 12 万元。

（7）撤回对某公司的股权投资取得 100 万元，其中含原投资成本 60 万元，相当于被投资公司累计未分配利润和累计盈余公积按减少实收资本比例计算的部分 10 万元。

（其它相关资料：除非特别说明，各扣除项目均已取得有效凭证，相关优惠已办理必要手续；因境外股东企业在中国境内会计账簿不健全，主管税务机关核定技术咨询指导劳务的利润率为 20% 且指定该制药公司为其税款扣缴义务人；购进的污水处理设备为《环境保护专用设备企业所得税优惠目录》所列设备。）

要求：

根据上述资料，按照下列顺序计算回答问题。

（1）分别计算在业务（1）中该制药公司应当扣缴的企业所得税、增值税、城市维护建设税、教育费附加及地方教育附加金额。

（2）计算业务（2）应调整的应纳税所得额。

（3）计算业务（3）应调整的应纳税所得额。

（4）计算业务（4）应调整的应纳税所得额。

（5）计算业务（5）应调整的应纳税所得额。

（6）计算业务（6）应调整的应纳税所得额和应调整的应纳税额。

（7）计算业务（7）应调整的应纳税所得额。

（8）计算该制药公司 2013 年应纳企业所得税税额。

2014年度注册会计师全国统一考试·税法考试真题（B卷）参考答案深度全面解析与应试重点

一、单项选择题

1.【参考答案】A

【本题考点】免征耕地占用税的情形

【解析】税法规定，以下情况免征耕地占用税：军事设施占用耕地；学校、幼儿园、养老院、医院占用耕地。可见选项A符合免税条件。而建厂房占用鱼塘、高尔夫球场占用耕地、商品房建设占用林地均不符合免税条件需要缴纳耕地占用税。答案选A。

2.【参考答案】A

【本题考点】关税的税收优惠

【解析】税法规定，下列进出口货物，免征关税：

（1）关税税额在人民币50元以下的一票货物；

（2）无商业价值的广告品和货样；

（3）外国政府、国际组织无偿赠送的物资；

（4）在海关放行前损失的货物；

（5）进出境运输工具装载的途中必需的燃料、物料和饮食用品。

答案选A。

3.【参考答案】B

【本题考点】不得在企业所得税应纳税所得额前扣除的项目

【解析】税法规定，在计算应纳税所得额时，下列支出不得扣除：

（1）向投资者支付的股息、红利等权益性投资收益款项。

（2）企业所得税税款。

（3）税收滞纳金。

（4）罚金、罚款和被没收财物的损失。

（5）超过规定标准的捐赠支出。

（6）赞助支出，是指企业发生的与生产经营活动无关的各种非广告性质支出。

（7）未经核定的准备金支出，是指不符合国务院财政、税务主管部门规定的各项资产减值准备、风险准备等准备金支出。

（8）企业之间支付的管理费、企业内营业机构之间支付的租金和特许权使用费，以及非银行企业内部营业机构之间支付的利息，不得扣除。

（9）与取得收入无关的其他支出。

而合理的劳动保护支出可以在计算企业所得税应纳税所得额时扣除，可见，答案选B。

4.【参考答案】C

【本题考点】房产税的征税范围

【解析】房产税并不是对所有的房屋都征税，而仅仅是对城镇的商品房、经营性房屋征税，选项A错误；房产，是指有屋面和围护结构，能够遮风避雨，可供人们在其中生产、学习、工作、娱乐、居住或储藏物资的场所。但独立于房屋的建筑物如围墙、暖房、水塔、烟囱、室外游泳池等不属于房产，不征收房产税，选项B错误；个人拥有的市区经营性用房属于房产税征税范围，选项C正确；房地产开采企业建造的商品房，在出售前，不征收房产税；但对出售前房地产开发企业已使用或出租、出借的商品房应按规定征收房产税，选项D错误。

5.【参考答案】C

【本题考点】资源税的免税范围

【解析】征收资源税的天然气，指专门开采或与原油同时开采的天然气，暂不包括煤矿生产的天然气。答案选C。

6.【参考答案】C

【本题考点】车船税的计算

【解析】根据税法规定，挂车按照货车税额的50%计算车船税。

因此，该厂应纳的车船税额为1.499×3×16+1.2×16×50%+2×360=801.55（元）。答案选C。

7.【参考答案】A

【本题考点】提前退休一次性补贴收入计算缴纳个人所得税

【解析】个人因办理提前退休手续而取得的一次性补贴收入，应按照办理提前退休手续至法定退休年龄之间所属月份平均分摊计算个人所得税。计税公式为：应纳税额={〔（一次性补贴收入÷办理提前退休手续至法定退休年龄的实际月份数）—费用扣除标准〕×适用税率—速算扣除数}×提前办理退休手续至法定退休年龄的实际月份数。

因此，杨某应缴纳个人所得税=[（120000/20-3500）×10%-105]×20=2900（元）。

8.【参考答案】B

【本题考点】个人所得税的筹划方案比较

【解析】纳税人取得全年一次性奖金，应单独作为一个月工资、薪金所得计算纳税。

年终奖个人所得税计算方式：

（1）发放年终奖的当月工资高于3500元时，年终奖扣税方式为：年终奖×税率－速算扣除数，税率是按年终奖/12作为“应纳税所得额”对应的税率。

（2）当月工资低于3500元时，年终奖个人所得税=（年终奖－（3500－月工资））×税率－速算扣除数，税率是按年终奖－（3500－月工资）除以12作为“应纳税所得额”对应的税率。

此题需要对每个选项进行计算，最终比较才能得出结果。计算过程如下：

对于选项A所述情形：月平均奖金为100000/12=8333.33（元）。

全年一次性奖金应纳个人所得税为100000×20%–555=19445（元）。

工资所得应纳个人所得税为（23000–3000–3500）×25%–1005=3120（元）。

应纳个人所得税共计19445+3120=22565（元）；

对于选项B所述情形：月平均奖金为108000/12=9000（元）。

全年一次性奖金应纳个人所得税为108000×20%–555=21045（元）。

工资所得应纳个人所得税为（15000–3000–3500）×20%–555=1145（元）。

应纳个人所得税共计1145+21045=22190（元）；

对于选项C所述情形：月平均奖金为110000/12=9166.67（元）。

全年一次性奖金应纳个人所得税为110000×25%–1005=26495（元）。

工资所得应纳个人所得税为（13000–3000–3500）×20%–555=745（元）。

应纳个人所得税共计26495+745=27240（元）；

对于选项D所述情形：月平均奖金为114000/12=9500（元）。

全年一次性奖金应纳个人所得税为114000×20%–1005=27495（元）。

工资所得应纳个人所得税为（9000–3000–3500）×10%–105=145（元）。

应纳个人所得税共计27495+145=27640（元）；

通过比较可以发现选项B的方案需要缴纳的个人所得税最少，答案选B。

9.【参考答案】C

【本题考点】印花税的征税范围

【解析】企业执行“两则”启用新账簿后，其“实收资本”和“资本公积”两项按新增部分的万分之五交纳项的合计金额大于原已贴花资金的，就增加的部分补贴印花，新建其他账簿和专利证按照每件 5 元贴花，税务登记证不属于印花税的征税范围，不需要计算缴纳印花税。因此，该企业上述凭证应纳印花税为 120×10000×0.5‰+（12+1）×5=665（元）。

10.【参考答案】D

【本题考点】税法的适用原则

【解析】税法的适用原则包括法律优位原则、法律不溯及既往原则、新法优于旧法原则、特别法优于普通法的原则、程序优于实体原则和实体从旧、程序从新原则。答案选 D。

11.【参考答案】C

【本题考点】个人所得税的免税范围

【解析】税法规定，国债利息收入免征个人所得税。

税法规定，下列各项中不属于纳税人本人工资、薪金所得项目的收入，不予征税：

（1）独生子女补贴；

（2）执行公务员工资制度未纳入基本工资总额的补贴、津贴差额和家属成员的副食品补贴；

（3）托儿补助费；

（4）差旅费津贴、误餐补助。

为某企业开设讲座取得的酬金应当按照劳务报酬所得计算缴纳个人所得税。

企业和个人按照规定比例提取并交付的住房公积金、医疗保险、基本养老保险、失业保险，不计入个人当期的工资、薪金收入，免于征收个人所得税。因此，答案选 C。

12.【参考答案】D

【本题考点】委托加工的应税消费品计算消费税

【解析】委托加工的应税消费品，按照受托方的同类消费品的销售价格计算纳税；没有同类消费品销售价格的，按照组成计税价格计算纳税。

实行从价定率办法计算纳税的组成计税价格计算公式：

组成计税价格 =（材料成本 + 加工费）÷（1– 比例税率）

实行复合计税办法计算纳税的组成计税价格计算公式：

组成计税价格 =（材料成本 + 加工费 + 委托加工数量 × 定额税率）÷（1– 比例税率）

因此，乙企业当月应代收代缴的消费税为（50+1+5）/（1–5%）×5%=2.95（万元）。

13.【参考答案】C

【本题考点】水路运输服务计算增值税

【解析】水路运输服务中远洋运输的程租、期租业务，属于水路运输服务，应该交通运输业计算缴纳增值税，适用税率为11%。取得的打捞收入应按“现代服务业——物流辅助服务”计算缴纳增值税，适用税率为6%。因此，该公司应缴增值税额为：

（1287.6+255.3）/（1+11%）×11%+116.6/（1+6%）×6%-61.2=98.3（万元）。答案选C。

14.【参考答案】A

【本题考点】销售电梯的流转税处理

【解析】对企业销售电梯（购进的）并负责安装及保养、维修取得的收入，一并征收增值税；企业销售自产的电梯并负责安装，属于纳税人销售货物的同时提供建筑业劳务，应该分别计算增值税和营业税。

本题中，纳税人销售的是其自产的电梯并负责安装，属于纳税人销售货物的同时提供建筑业劳务的情形，要分别计算缴纳增值税和营业税。因此，该企业2014年5月应缴纳的增值税为：737.1/（1+17%）×17%-85=22.1（万元）。答案选A。

15.【参考答案】D

【本题考点】税务行政处罚听证的范围

【解析】税务行政处罚听证的范围是对公民做出2000元以上，或者对法人或者其他组织做出1万元以上罚款的案件。答案选D。

16.【参考答案】B

【本题考点】城市维护建设税的计税依据

【解析】本题出于2014年，此时还未进行全面营改增。城市维护建设税是以增值税、消费税、营业税实际缴纳的税额作为计税依据并同时征收的，因此，增值税、消费税、营业税减税或免税的同时，城市维护建设税也相应减税或免税。一般不予以单独减免。且城市维护建设税属于“出口不退，进口不征”。纳税人违反“三税”有关税法而加收的滞纳金和罚款，是税务机关对纳税人违法行为的经济制裁，不作为城建税的计税依据。

因此，甲厂本月应向所在市区税务机关缴纳的城建税为（362-30-50）×7%=19.74（万元）。

17.【参考答案】A

【本题考点】多征税款的处理

【解析】纳税人自结算缴纳税款之日起3年内发现的，可以向税务机关要求退还多缴的税款并加算银行同期存款利息，税务机关及时查实后应当立即退还；税务机关发现的，不需加算银行同期存款利息；纳税人超过应纳税额缴纳的税款，税务机关发现后应当立即退还，没有时间的限制；纳税人发现当年预缴企业所得税款超过应缴税额的，不得要求加计银行同期存款利息。答案选A。

18.【参考答案】C

【本题考点】担保业务的营业税计算

【解析】该题出于2014年，设定于全面营改增实施之前。因此，担保业务还缴纳营业税。境外母公司提供担保劳务，企业为接受劳务方。因企业在境内，境外母公司属于在中国境内提供劳务。应在我国缴纳营业税100×5%=5（万元）。

19.【参考答案】D

【本题考点】进口货物的消费税计算

邮运的进口货物，应当以邮费作为运输及其相关费用、保险费。该公司当月应缴纳消费税（30+1）×（1+15%）/（1–30%）×30%=15.28（万元）。答案选D。

20.【参考答案】D

【本题考点】增值税的纳税范围

【解析】该题出于2014年，设定于全面营改增实施之前。

邮政代理应该按照“邮政业——其他邮政服务”计算缴纳增值税，选项A错误；代理记账应该按照“咨询服务”计算缴纳增值税，选项B错误；货物运输代理应该按照“物流辅助服务”计算缴纳增值税，选项C错误；房产中介代理属于营业税征税范围，选项D正确。答案选D。

21.【参考答案】C

【本题考点】出口货物的完税价格

【解析】出口货物的完税价格，由海关以该货物向境外销售的成交价格为基础审查确定，并应包括货物运至我国境内输出地点装载前的运费及其相关费用、保险费，但其中包含的出口关税税额，应当扣除。出口货物的成交价格中含有支付给境外的佣金的，如果单独列明，应当扣除。因此，出口货物完税价格为170–12=158（万元），应纳出口关税158×20%=31.6（万元）。

22.【参考答案】D

【本题考点】城镇土地使用税的征税范围和免税内容

【解析】对于非营利性医疗机构、疾病控制机构和妇幼保健机构等卫生机构自用的土地，免征城镇土地使用税，而营利性医疗机构自用的土地需要缴纳土地使用税，选项A错误；公园自用的土地免征城镇土地使用税，但是公园中附设的营业单位如影剧院、饮食部、茶社、照相馆等使用的土地不免税，选项B错误；免税单位无偿使用纳税单位的土地，免征城镇土地使用税，纳税单位无偿使用免税单位的土地，纳税单位应照章缴纳城镇土地使用税，选项C错误，选项D正确。答案选D。

23.【参考答案】B

【本题考点】土地增值税的计算

【解析】房地产开发企业销售已装修的房屋，其装修费用可以计入房地产开发成本扣除；而加罚的利息、逾期开发土地缴纳的土地闲置费、未取得建筑安装施工企业开具发票的扣留质量保证金均不得税前扣除。答案选B。

24.【参考答案】C

【本题考点】消费税计算

【解析】收取的优质费属于价外费用，应看作是含税收入，应该将其做价税分离以后并入销售额计算缴纳消费税。因此，该汽车企业当月应申报缴纳的消费税额为：

（300×18+300×2/1.17+120×18.5）×5%=406.64（万元）。

二、多项选择题

1.【参考答案】A、B、C、D

【本题考点】税务行政复议的受案范围

【解析】税务行政复议的受案范围包括：

（1）税务机关做出的征税行为。

（2）行政许可、行政审批行为。

（3）发票管理行为，包括发售、收缴、代开发票等。

（4）税务机关做出的税收保全措施、强制执行措施。

（5）税务机关做出的行政处罚行为。

（6）税务机关不依法履行下列职责的行为：

1）颁发税务登记证；

2）开具、出具完税凭证、外出经营活动税收管理证明；

3）行政赔偿；

4）行政奖励；

5）其它不依法履行职责的行为。

（7）税务机关做出的资格认定行为。

（8）税务机关不依法确认纳税担保行为。

（9）政府信息公开工作中的具体行政行为。

（10）税务机关做出的纳税信用等级评定行为。

（11）税务机关做出的通知出入境管理机关阻止出境行为。

（12）税务机关做出的其他具体行政行为。

答案选A、B、C、D。

2.【参考答案】C、D

【本题考点】特殊销售方式的增值税处理

【解析】企业通过价格折扣、折让方式向个人销售商品（产品）和提供服务，不征收个人所得税；企业在向个人销售商品（产品）和提供服务的同时给予赠品，如通信企业对个人购买手机赠话费、入网费，或者购话费赠手机等，不征收个人所得税；企业对累积消费达到一定额度的顾客，给予额外抽奖机会，个人的获奖所得，按照“偶然所得”项目，全额适用20%的税率缴纳个人所得税。答案选C、D。

3.【参考答案】A、B、C

【本题考点】非居民企业免征企业所得税的内容

【解析】根据《中华人民共和国企业所得税法实施条例》（中华人民共和国国务院令第512号）第九十一条的规定，非居民企业取得下列所得可以免征企业所得税：

（1）外国政府向中国政府提供贷款取得的利息所得；

（2）国际金融组织向中国政府和居民企业提供优惠贷款取得的利息所得；

（3）经国务院批准的其他所得。

答案选A、B、C。

4.【参考答案】A、C

【本题考点】船舶吨税的免税内容

【解析】捕捞、养殖渔船免征船舶吨税；非机动船舶（不包括非机动驳船）免征船舶吨税；军队、武装警察部队专用或者征用的船舶免征船舶吨税；应纳税额在人民币50元以下的船舶免征船舶吨税。答案选A、C。

5.【参考答案】A、B、D

【本题考点】非居民个人所得税的征税范围

【解析】因任职、受雇、履约等而在中国境内提供劳务取得的所得，不论支付地点是否在中国境内，均为来源于中国境内的所得；在中国境内无住所，居住90天以上一年以下的个人，无论境内支付还是境外支付的来源于境内的所得都需要缴纳个人所得税；转让境外的不动产取得的所得，不属于来源于中国境内的所得；将财产出租给承租人在中国境内使用而取得的所得，不论支付地点是否在中国境内，均为来源于中国境内的所得。答案选 A、B、D。

6.【参考答案】A、B

【本题考点】税收筹划方法和思路

【解析】当企业属于亏损状态时，需要将不能得到或不能完全得到税前弥补的亏损年度的成本费用降低，只有将成本费用延迟到以后能够完全得到抵补的时期，才能保证成本费用的抵税效果起到作用。因此，为了降低本期企业税收负担，新增的固定资产的入账价值要尽可能的低，所以选项 A 正确，选项 D 错误；而固定资产的备用件，如果单独作为低值易耗品入账在当期税前扣除，会增加当期成本费用，但是如果将备用件并入固定资产原值，那么便可以随固定资产计提折旧扣除，所以选项 B 正确。想要扩大当期折旧，可以采用缩短折旧年限即采用加速折旧的方法实现，而且当月购进的固定资产应该在次月计提折旧，所以选项 C 错误。答案选 A、B。

7.【参考答案】A、B、C

【本题考点】抵押物种类

【解析】税法规定，下列财产可以抵押：（1）抵押人所有的房屋和其他地上定着物；（2）抵押人所有的机器、交通运输工具和其他财产；（3）抵押人依法有权处分的国有的房屋和其他地上定着物；（4）抵押人依法有权处分的国有的机器、交通运输工具和其他财产；（5）经市、自治州以上税务机关确认的其他可以抵押的合法财产。以依法取得的国有土地上的房屋抵押的，该房屋占用范围内的国有土地使用权同时抵押。以乡（镇）、村企业的厂房等建筑物抵押的，其占用范围内的土地使用权同时抵押。

而下列财产不得抵押：（1）土地所有权；（2）土地使用权，但本办法第十六条规定的除外；（3）学校、幼儿园、医院等以公益为目的的事业单位、社会团体、民办非企业单位的教育设施、医疗卫生设施和其他社会公益设施；（4）所有权、使用权不明或者有争议的财产；（5）依法被查封、扣押、监管的财产；（6）依法定程序确认为违法、违章的建筑物；（7）法律、行政法规规定禁止流通的财产或者不可转让的财产。（8）经市、自治州以上税务机关确认的其他不予抵押的财产。学校、幼儿园、医院等以公益为目的的事业单位、社会团体，可以其教育设施、医疗卫生设施和其他社会公益设施以外的财产为其应缴纳的税款及滞纳金提供抵押。

答案选 A、B、C。

8.【参考答案】B、D

【本题考点】印花税的征税范围

【解析】银行根据业务管理需要设置的各种登记簿，如空白重要凭证登记簿、有价单证登记簿、现金收付登记簿等，其记载的内容与资金活动无关，仅用于内部备查，属于非营业账簿，均不征收印花税；财产租赁合同属于印花税的征税范围；对发电厂与电网之间、电网与电网之间（国家电网公司系统、南方电网公司系统内部各级电网互供电量除外）签订的购售电合同按购销合同征收印花税。电网与用户之间签订的供用电合同不属于印花税列举征税的凭证，不征收印花税；各类出版单位与发行单位之间订立的图书、报纸、期刊以及音像制品的征订凭证（包括订购单、订数单等），应由持证双方按规定纳税。征订凭证适用印花税“购销合同”税目，计税金额按订购数量及发行单位的进货价格计算。答案选 B、D。

9.【参考答案】B、D

【本题考点】消费税的征税环节；车辆购置税的征收范围

【解析】汽车在生产、进口环节缴纳消费税，在销售环节不需再缴纳消费税，选项 A 错误；游艇生产企业应缴纳消费税为 120×10%=12 万元，选项 B 正确；车辆购置税的征税范围为汽车、摩托车、电车、挂车、农用运输车，游艇不属于车辆购置税的征收范围，选项 C 错误；旅游公司应缴纳的小汽车车辆购置税为 40×10%=4 万元，选项 D 正确。答案选 B、D。

10.【参考答案】A、B

【本题考点】国地税征收管理税种

【解析】消费税、车辆购置税由国家税务局系统负责征收管理；城镇土地使用税和城市维护建设税由地方税务局系统负责征收管理。答案选 A、B。

11.【参考答案】A、C

【本题考点】营业税的征税范围

【解析】本题出于 2014 年，此时还未进行全面营改增。

交管部门收取的罚款收入和维修厂收取的维修费收入不属于营业税征税范围，不缴纳营业税，选项 B、D 错误。

12.【参考答案】A、B、D

【本题考点】契税计税依据

【解析】契税计税依据为：国有土地使用权出让、土地使用权出售、房屋买卖，为成交价格；土地使用权赠与、房屋赠与，由征收机关参照土地使用权出售、房屋买卖的市场价格核定；土地使用权交换、房屋交换，为所交换的土地使用权、房屋的价格的差额。

采取分期付款方式购买房屋附属设施土地使用权、房屋所有权的，应按合同规定的总价款计征契税；以划拨方式取得土地使用权，经批准转让房地产时，由房地产转让者补交契税。计税依据为补交的土地使用权出让费用或者土地收益。答案选A、B、D。

13.【参考答案】A、B、D

【本题考点】城市维护建设税的计税依据和特点

【解析】本题出于2014年，此时还未进行全面营改增。城市维护建设税是以增值税、消费税、营业税实际缴纳的税额作为计税依据并同时征收的，因此，增值税、消费税、营业税减税或免税的同时，城市维护建设税也相应减税或免税。一般不予以单独减免。且城市维护建设税属于“出口不退，进口不征”。纳税人违反“三税”有关税法而加收的滞纳金和罚款，是税务机关对纳税人违法行为的经济制裁，不作为城建税的计税依据。城建税按减免后实际缴纳的“三税”税额计征，即随“三税”的减免而减免，选项A正确；对国家重大水利工程建设基金免征城市维护建设税，选项B正确；海关对进口产品代征的增值税、消费税，不征收城建税，选项C错误；对于因减免税而需进行“三税”退库的，城建税也可同时退库，选项D正确。

14.【参考答案】B、C、D

【本题考点】增值税的征税范围

【解析】物流辅助服务包括航口服务、港口码头服务、货运客运场站服务、打捞救助服务、货物运输服务、代理报关服务、仓储服务和装卸搬运服务。航空培训服务和航空摄影服务属于“物流辅助服务”，适用增值税税率6%。

航空培训收入的增值税销项税额为57.72/（1+6%）×6%=3.27（万元）。

航空摄影收入的增值税销项税额为222.6/（1+6%）×6%=12.6（万元）。

湿租业务属于“交通运输业”，适用增值税税率11%。

湿租业务收入的增值税销项税额为199.8/（1+11%）×11%=19.8（万元）。

干租业务属于“有形动产租赁服务”，适用增值税税率17%。

干租业务收入的增值税销项税额为245.7/（1+17%）×17%=35.7（万元）。

答案选B、C、D。

三、计算问答题

1.【本题考点】增值税的计算

【参考答案及解析】

（1）甲超市销售粉底液的增值税销项税额为400÷（1+17%）×17%=58.12（元）。

（2）甲超市销售白酒的增值税销项税额为640÷（1+17%）×17%=92.99（元）。

（3）对从事蔬菜批发、零售的纳税人销售的蔬菜免征增值税。

橄榄油属于初级农产品，适用13%的低税率；淀粉适用17%的税率。

因此，甲超市销售食品的增值税销项税额为：400÷（1+13%）×13%+10÷（1+17%）×17%=46.02+1.45=47.47（元）。

（4）购买粉底液包含的消费税税额为300×30%=90（元）。

由于化妆品在生产环节缴纳消费税，因此纳税人为B市化妆品厂，纳税地点为B市。

（5）张女士购买白酒支出中包含的消费税税额为260×2×20%+2×0.5=104+1=105（元）。

由于白酒在生产环节缴纳消费税，因此纳税人为B市白酒厂，纳税地点为B市。

2.【本题考点】营业税的计算、增值税的计算

【参考答案及解析】

该题出于2014年，此时并未实现全面营改增，旅游业仍然征收营业税。

（1）纳税人从事旅游业务的，以其取得的全部价款和价外费用扣除替旅游者支付给其他单位或者个人的住宿费、餐费、交通费、旅游景点门票和支付给其他接团旅游企业的旅游费后的余额为营业额。

旅游业营业税计算公式：应纳税额＝营业额 × 税率

甲旅游公司应缴纳的营业税为（400000-100000-40000-50000-90000）×5%=6000（元）

（2）乙车行取得的租车收入不需缴纳税款。

理由：乙车行取得的跨境运输收入适用增值税零税率。

（3）民营客运公司不需要缴纳税款。

理由：企业为本单位员工提供的劳务属于非营业活动，不征增值税。

（4）甲旅游公司在计算缴纳营业税时就其境外支付的可扣除部分，应向主管税务机关提交合法有效凭证，如境外收款单位的签收单据等。如果税务机关存在疑虑，甲公司还应提供境外公证机构的确认证明。

3.【本题考点】印花税、契税、房产税的计算

【参考答案及解析】

（1）根据《财政部国家税务总局关于印花税若干政策的通知》（（财税〔2006〕162号）的规定，对土地使用权出让合同、土地使用权转让合同按产权转移书据征收印花税。

因此，土地使用权出让合同应纳印花税为4000×10 000×0.5‰=20000（元）。

购置土地使用权应纳契税为4000×4%=160（万元）。

（2）托施工企业建设的房屋，从办理验收手续之次月起缴纳房产税；在办理验收

手续前已使用的，自使用次月起缴纳房产税。

建造的仓库应纳房产税为 9500×（1-30%）×1.2%/12×7=46.55（万元）。

新征用的土地，依照下列规定缴纳土地使用税：征用的耕地，自批准征用之日起满 1 年时开始缴纳土地使用税；征用的非耕地，自批准征用次月起缴纳土地使用税。

因此，购置土地应纳城镇土地使用税为 4000×20/12×11≈73333.33（元）。

（3）购置仓库应纳契税为 1200×4%=48（万元）。

购置仓库应纳印花税为 1 200×10 000×0.5‰+1×5=6005（元）。

（4）纳税人购置新建商品房，自房屋交付使用之次月起计征房产税和城镇土地使用税。购置存量房，自办理房屋权属转移、变更登记手续，房地产权属登记机关签发房屋权属证书之次月起计征房产税和城镇土地使用税。

因此，购置仓库应纳房产税为 1 250×（1-30%）×1.2%/12×9=7.88（万元）。

4.【本题考点】个人所得税的计算

【参考答案及解析】

该题出于 2014 年，此时并未实现全面营改增，出租房屋仍然按照营业税税目计算。

（1）企业年金个人缴费工资计税基数为（5300×12+48000）/12=9300（元）。

（2）王某个人缴付年金应计入应纳税所得额的部分为：500-9300×4%=500-372=128（元）。

每月工资薪金应纳个人所得税为（5300-800-500+128-3500）×3%-0=18.84（元）。

因此，上半年合计缴纳个人所得税为 18.84×6=113.04（元）。

（3）每月平均年终奖为 48000/12=4000（元）。

应缴纳个人所得税额为 48000×10%-105=4695（元）。

（4）月应纳营业税额为 4000×3%×50%=60（元）。

该企业位于市区，适用 5% 的城市维护建设税税率，3% 的教育费附加税率。

因此，月应纳城建税和教育费附加为 60×（7%+3%）=6（元）。

个人按市场价出租居民住房适用个人所得税优惠税率 10%。

因此，5 月转租房屋应纳个人所得税为（4000-66-2000-800-800）×10%=33.4（元）。

四、综合题

1.【本题考点】增值税的计算和消费税的计算

【参考答案及解析】

（1）该企业自行计算 6 月应缴纳税费的错误及理由如下：

A. 进口机械应缴纳增值税计算错误。进口货物的完税价格，由海关以该货物的成交价格为基础审查确定，并应当包括货物运抵中华人民共和国境内输入地点起卸前的运输及其相关费用、保险费。入关后运抵企业所在地发生的运费不能作为计算关税的基数。

B. 可抵扣的进项税额计算错误。购进烟叶的运费不能作为计算烟叶税和增值税的基数；由进口机械缴纳增值税计算错误而导致错误。

C. 销项税额计算错误。销售折扣的金额在计算销项税额时不能扣除，应当计入财务费用；销售给职工的卷烟的计税价格应参照同类产品的价格；销售给烟草专卖店的含税销售额和租金收入应换算为不含税金额后才能计算销项税额。

D. 损失烟叶转出的进项税额计算错误。和损失有关的运费、装卸费这类的价外费用应当和酒精损失的进项税额一起转出。

E. 增值税应纳税额计算错误。前面几项计算错误直接影响到本项结果。

F. 消费税计算错误。销售折扣的金额在计算销项税额时不能扣除，应当计入财务费用；销售给烟草专卖店的含税销售额应换算为不含税金额；销售给职工20箱卷烟的价格应当按照独立企业之间的业务确定价格。

G. 城市维护建设税、教育费附加、地方教育附加计算错误。前几项的增值税、消费税计算错误而引起错误。

（2）进口货物的完税价格，由海关以该货物的成交价格为基础审查确定，并应当包括货物运抵中华人民共和国境内输入地点起卸前的运输及其相关费用、保险费。入关后运抵企业所在地发生的运费不能作为计算关税的基数。

因此，进口设备应缴纳增值税为（128000+8400+7600）×（1+15%）×17%=28152（元）。

（3）可抵扣的进项税额为：

2400000×（1+10%）×（1+20%）×13%+352+13200+15 400+28152=468944（元）。

（4）销售折扣的金额在计算销项税额时不能扣除，应当计入财务费用；销售给职工的卷烟的计税价格应参照同类产品的价格；销售给烟草专卖店的含税销售额和租金收入应换算为不含税金额后才能计算销项税额。

因此，销项税额为[7020000÷（1+17%）+15000×20+42120÷（1+17%）]×17%=1077120（元）。

（5）和损失有关的运费、装卸费这类的价外费用应当和酒精损失的进项税额一起转出。

因此，损失烟叶转出进项税额为：3.5×20000×（1+10%）×（1+20%）×13%+13200÷120×3.5=12397（元）。

（6）应缴纳增值税为1077120−468944+12397=620573（元）。

（7）应缴纳的消费税为：[7020000÷（1+17%）+15000×20]×56%+（400+20）

×150=3528000+63000=3591000（元）。

（8）该企业位于市区，适用 7% 的城市维护建设税税率，3% 的教育费附加税率和 2% 的地方教育费附加税率。因此应缴纳城建税、教育费附加、地方教育附加为：（620573+3591000）×（7%+3%+2%）=505388.76（元）。

2.【本题考点】企业所得税的计算

【参考答案及解析】

（1）该制药企业应当扣缴的企业所得税为 120/（1+6%）×20%×25%=5.66（万元）。

应当扣缴的增值税为 120/（1+6%）×6%=6.79（万元）。

应当扣缴的城市维护建设税为 6.79×7%=0.48（万元）。

应当扣缴的教育费附加为 6.79×3%=0.20（万元）。

应当扣缴的地方教育附加为 6.79×2%=0.14（万元）。

（2）企业安置残疾人员的，在按照支付给残疾职工工资据实扣除的基础上，按照支付给残疾职工工资的 100% 加计扣除。

因此，应调减应纳税所得额 40 万元。

企业发生的职工福利费支出，不超过工资薪金总额 14% 的部分，准予扣除。

职工福利费 180 万元超过了工资薪金总额的 14%［1200×14%=168（万元）］。

因此，应调增应纳税所得额 180–168=12（万元）。

企业拨缴的职工工会经费，不超过工资薪金总额 2% 的部分，凭工会组织开具的《工会经费收入专用收据》在企业所得税税前扣除。

工会经费 25 万元超过了工资薪金总额的 2%［1200×2%=24（万元）］。

因此，应调增应纳税所得额 25–24=1（万元）。

企业发生的职工教育经费支出，不超过工资薪金总额 2.5% 的部分，准予扣除；超过部分，准予在以后纳税年度结转扣除。

可以扣除的职工教育经费限额为 1200×2.5%=30（万元）。

可见，职工教育经费支出可全额扣除，并可扣除上年结转的扣除额 5 万元。

应调减应纳税所得额 5 万元。

除企业依照国家有关规定为特殊工种职工支付的人身安全保险费和国务院财政、税务主管部门规定可以扣除的其他商业保险费外，企业为投资者或者职工支付的商业保险费，不得扣除。因此，为投资者支付的商业保险费应调增应纳税所得额 10 万元。

（3）企业发生的符合条件的广告费和业务宣传费支出，除国务院财政、税务主管部门另有规定外，不超过当年销售（营业）收入 15% 的部分，准予扣除；超过部分，准予在以后纳税年度结转扣除。

计算广告费和业务宣传费扣除的基数为5500+400=5900（万元）。

可以扣除的广告费限额为5900×15%=885（万元）。

当年发生的800万元广告费无需作纳税调增，但非广告性质的赞助支出不能在税前扣除，因此应调增应纳税所得额50万元。

企业发生的与生产经营活动有关的业务招待费支出，按照发生额的60%扣除，但最高不得超过当年销售（营业）收入的5‰。

5900×5‰=29.5（万元），大于60×60%=36（万元）。

因此可以扣除的业务招待费为29.5万元。

应调增应纳税所得额为60–29.5=30.5（万元）。

（4）企业开展研发活动中实际发生的研发费用，未形成无形资产计入当期损益的，在按规定据实扣除的基础上，按照本年度实际发生额的50%，从本年度应纳税所得额中扣除；形成无形资产的，按照无形资产成本的150%在税前摊销。因此，应调减应纳税所得额：

100×50%=50万元。

（5）公益性捐赠不超过年度利润总额12%的部分，准予扣除。超标准的公益性捐赠，不得结转以后年度。

企业会计利润为5500+400+300–2800–300–210–420–550–900–180+120=960（万元）。

公益性捐赠的扣除限额为960×12%=115.2（万元），小于120万元。

因此，应调增应纳税所得额120–115.2=4.8（万元）。

除此之外，直接向某学校捐赠的20万元不能税前扣除，因此还应调增应纳税所得额20万元。

（6）处理公共污水可以免税的所得额为20–12=8（万元）。

因此，应调减应纳税所得额8万元。

购置污水处理设备可以抵免的应纳税额为（300/1.17）×10%=25.64（万元）。

因此，应调减的应纳税额为25.64万元。

（7）应调减应纳税所得额10万元。

（8）企业会计利润为960万元。

应纳税所得额为960–40+12+1–5+10+50+30.5–50+4.8+20–8–10=975.3（万元）。

应纳所得税额为975.3×25%–25.64=218.19（万元）。

2013年度注册会计师全国统一考试·税法考试真题

一、单项选择题

1. 下列各项税收法律法规中，属于国务院制定的行政法规是（　　）。

A. 中华人民共和国个人所得税法

B. 中华人民共和国税收征收管理法

C. 中华人民共和国企业所得税法实施条例

D. 中华人民共和国增值税暂行条例实施细则

2. 某副食品商店为增值税小规模纳税人，2013年8月销售副食品取得含税销售额66950元，销售自己使用过的固定资产取得含税销售额17098元。该商店应缴纳的增值税为（　　）。

A. 2282元

B. 2291.96元

C. 2448元

D. 2477.88元

3. 汽车销售公司销售小轿车时一并向购买方收取的下列款项中，应作为价外费用计算增值税销项税额的是（　　）。

A. 收取的小轿车改装费

B. 因代办保险收取的保险费

C. 因代办牌照收取的车辆牌照费

D. 因代办缴税收取的车辆购置税税款

4. 某快递公司取得的下列收入中，应按5%税率计算缴纳营业税的是（　　）。

A. 同城快递月饼一盒，收取快递费10元

B. 异地快递一跑步机并代供货商收款，取得代收款手续费20元

C. 向一加盟商提供递送网络服务并销售快递单，取得收入1万元

D. 受托快递一电脑显示屏，除快递费外，另收取木框包装劳务费50元

5. 某大型商场公开征集服务图标，约定首先从参赛作品中评选出3件入围作品，各支付10万元作为奖励。其著作权归设计者所有；再从中挑选出最佳作品，其著作权转归商场所有，商场支付给设计者转让费30万元。李某应征参赛并成为最终胜出者，他应就其所取得的收入缴纳营业税为（　　）。

A. 0.3万元

B. 0.5万元

C. 1.2万元

D. 2万元

6. 卷烟批发企业甲2013年1月批发销售卷烟500箱，其中批发给另一卷烟批发企业300箱、零售专卖店150箱、个体烟摊50箱。每箱不含税批发价格为13000元。卷烟批发环节的消费税税率为5%，甲企业应缴纳的消费税为（　　）。

A. 32500元

B. 130000元

C. 195000元

D. 325000元

7. 甲企业委托乙企业生产木制一次性筷子，甲企业提供的主要原材料实际成本为12万元，支付的不含税加工费为1万元。乙企业代垫辅料的不含税金额为0.87万元。木制一次性筷子的消费税税率为5%，乙企业代收代缴消费税的组成计税价格为（　　）。

A. 12.63万元

B. 13.55万元

C. 13.68万元

D. 14.6万元

8. 某演出公司进口舞台设备一套，实付金额折合人民币185万元，其中包含单独列出的进口后设备安装费10万元、中介经纪费5万元；运输保险费无法确定，海关按同类货物同期同程运输费计算的运费25万元。假定关税税率20%，该公司进口舞台设备应缴纳的关税为（　　）。

A. 34万元

B. 35万元

C. 40万元

D. 40.12万元

9. 下列情形中，可以享受免征土地增值税税收优惠政策的是（　　）。

A. 企业间互换办公用房

B. 企业转让一栋房产给政府机关用于办公

C. 房地产开发企业将建造的商品房作价入股某酒店

D. 居民因省政府批准的文化园项目建设需要而自行转让房地产

10. 甲公司2012年年初房产原值为8000万元，3月与乙公司签订租赁合同，约定自2012年4月起将原值500万元房产租赁给乙公司，租期3年，月租金2万元，2012年4～6月为免租使用期间。甲公司所在地计算房产税余值减除比例为30%，甲公司2012年度应缴纳的房产税为（　　）。

A. 65.49万元

B. 66.21万元

C. 66.54万元

D. 67.26万元

11. 某国家级森林公园，2012年共占地2000万平方米，其中行政管理部门办公用房占地0.1万平方米，所属酒店占地1万平方米，索道经营场所占地0.5万平方米，公园所在地城镇土地使用税税率为2元/平方米，该公园2012年度应缴纳的城镇土地使用税为（　　）。

A. 1万元

B. 2万元

C. 3万元

D. 3.2万元

12. 村民张某2012年起承包耕地面积3000平方米。2013年将其中300平方米用于新建住宅，其余耕地仍和去年一样使用，即700平方米用于种植药材，2000平方米用于种植水稻。当地耕地占用税税率为25元/平方米，张某应缴纳的耕地占用税为（　　）。

A. 3750元

B. 7500元

C. 12500元

D. 25000元

13. 2013年2月，刘某将价值为120万元、100万元的两套房产分别赠与其儿子和对其承担直接赡养义务的好友林某，当地契税税率为4%，下列关于该赠与行为缴纳税款的表述中，正确的是（　　）。

A. 林某应就受赠房产缴纳契税4万元

B. 刘某儿子应就受赠房产缴纳契税4.8万元

C. 刘某应就赠与林某房产缴纳营业税5万元

D. 刘某应就赠与儿子房产缴纳营业税6万元

14. 2013年6月王某从汽车4S店购置了一辆排气量为1.8升的乘用车，支付购车款（含增值税）234000元并取得“机动车销售统一发票”，支付代收保险费5000元并取得保险公司开具的票据，支付购买工具件价款（含增值税）1000元并取得汽车4S店开具的普通发票。王某应缴纳的车辆购置税为（　　）。

A. 20000元

B. 20085.47元

C. 20512.82元

D. 24000元

15. 某船运公司2012年度拥有旧机动船5艘，每艘净吨位1500吨：拥有拖船4艘，每艘发动机功率3000马力。2012年7月购置新机动船6艘，每艘净吨位3000吨。该公司船舶适用的车船税年税额为：净吨位201~2000吨的，每吨4元；净吨位2001~10000吨的，每吨5元，该公司2012年度应缴纳的车船税为（　　）。

A. 87000元

B. 99000元

C. 105000元

D. 123000元

16. 下列合同中，属于印花税征税范围的是（　　）。

A. 供用电合同

B. 融资租赁合同

C. 人寿保险合同

D. 法律咨询合同

17. 企业从事下列项目取得的所得中，减半征收企业所得税的是（　　）。

A. 饲养家禽

B. 远洋捕捞

C. 海水养殖

D. 种植中药材

18. 企业处置资产的下列情形中，应视同销售确定企业所得税应税收入的是（　　）。

A. 将资产用于股息分配

B. 将资产用于生产另一产品

C. 将资产从总机构转移至分支机构

D. 将资产用途由自用转为经营性租赁

19. 年所得在 12 万元以上的个人自行申报纳税时，应当填写《个人所得税纳税申报表》，填写该表时应对各项所得计算年所得。下列关于年所得计算的表述中，正确的是（　　）。

A. 股票转让所得不计算填报年所得

B. 工资薪金所得按照已减除费用及附加费用后的收入额计算年所得

C. 劳务报酬所得允许减除纳税人在提供劳务时缴纳的有关税费后计算年所得

D. 纳税人一次取得跨年度财产租赁所得，应全部视为实际取得所得年度的所得

20. 2013 年 2 月，张某通过股票交易账户在二级市场购进甲上市公司股票 100000 股，成交价格为每股 12 元。同年 4 月因甲上市公司进行 2012 年度利润分配取得 35000 元分红所得。同年 7 月张某以每股 12.8 元的价格将股票全部转让。下列关于张某纳税事项的表述中，正确的是（　　）。

A. 2 月购进股票时应缴纳的印花税为 1200 元

B. 4 月取得分红所得时应缴纳的个人所得税为 3500 元

C. 7 月转让股票时应缴纳的个人所得税为 8000 元

D. 7 月转让股票时应缴纳的印花税为 2560 元

21. 下列关于税务登记时限的表述中，正确的是（　　）。

A. 从事生产经营的纳税人，应当自领取营业执照之日起 10 日内办理税务登记

B. 从事生产经营以外的纳税人，应当自纳税义务发生之日起 15 日内办理税务登记

C. 税务登记内容发生变化的，应当自变更营业执照之日起 20 日内办理变更税务登记

D. 境外企业在中国境内提供劳务的，应当自项目合同签订之日起 30 日内办理税务登记

22. 税务机关采取的下列措施中，属于税收保全措施的是（　　）。

A. 查封纳税人的价值相当于应纳税款的商品或货物

B. 书面通知纳税人的开户银行从其银行存款中扣缴税款

C. 拍卖纳税人其价值相当于应纳税款的商品用以抵缴税款

D. 对纳税人逃避纳税义务的行为处以 2000 元以上 5000 元以下的罚款

23. 在税务行政复议期间发生的下列情形中，应当终止行政复议的是（　　）。

A. 作为申请人的公民下落不明的

B. 申请人要求撤回行政复议申请，行政复议机构准予撤回的

C. 案件涉及法律适用问题，需要有权机关做出解释或者确认的

D. 作为申请人的公民死亡，其近亲属尚未确定是否参加行政复议的

24. 税种认定登记是由主管税务机关根据纳税人的生产经营项目进行适用税种、税目和税率的鉴定。下列税务机构中，有权进行税种认定登记的是（　　）。

A. 县国家税务局

B. 县国家税务局征管科

C. 县国家税务局征收分局

D. 县国家税务局直属税务所

二、多项选择题

1. 下列税种中，采用比例税率征收的有（　　）。

A. 消费税

B. 营业税

C. 城镇土地使用税

D. 城市维护建设税

2. 加油站通过加油机加注的下列汽油，在设计增值税时允许扣除的有（　　）。

A. 加油站检测用油

B. 加油站本身倒库油

C. 为客户车辆加注的汽油

D. 经主管税务机关确定的加油站自有车辆自用油

3. 企业出口的下列应税消费品中，属于消费税出口免税并退税范围的有（　　）。

A. 生产企业委托外贸企业代理出口的应税消费品

B. 有出口经营权的生产企业自营出口的应税消费品

C. 有出口经营权的外贸企业购进用于直接出口的应税消费品

D. 有出口经营权的外贸企业受其他外贸企业委托代理出口的应税消费品

4. 下列收入中，应按金融保险业税目计算缴纳营业税的有（　　）。

A. 银行取得的逾期贷款罚息收入

B. 银行取得的同业拆借利息收入

C. 企业委托银行贷款取得的利息收入

D. 银行经办委托贷款业务取得的手续费收入

5. 下列关于特殊进口货物关税完税价格确定的表述中，符合我国关税规定的有（　　）。

A. 某高校转让 2 年前免税进口的检测设备，以原入境到岸价作为完税价格

B. 某外商在境内参展时直接出售给顾客的参展化妆品，以海关审定留购价作为完税价格

C. 某医院接受香港赛马会无偿捐赠的救护车辆，以一般进口货物估价办法估定完税价格

D. 某石油企业以支付租金方式从境外承租的海上钻井平台，以海关审定的租金作为完税价格

6. 下列情形中，应由房产代管人或者使用人缴纳房产税的有（　　）。

A. 房屋产权未确定的

B. 房屋租典纠纷未解决的

C. 房屋承典人不在房屋所在地的

D. 房屋产权所有人不在房屋所在地的

7. 2012 年 8 月，甲公司与乙金融租赁公司签订融资性售后回租合同，约定将一栋办公楼出售给乙公司，甲公司再向乙公司租回使用，租赁期限 1 年。2013 年 9 月甲公司又回购该办公楼。下列关于该业务纳税义务的表述中，正确的有（　　）。

A. 甲公司出售办公楼应缴纳营业税

B. 乙公司承受办公楼权属应缴纳契税

C. 甲公司回购办公楼应缴纳契税

D. 甲、乙公司签订合同应缴纳印花税

8. 2008年3月，钱某支付80万元购置一套50平方米住房；2013年8月钱某将该房作价130万元，与孙某价值150万元的住房进行交换，钱某支付孙某差价20万元。当地契税税率4%，产权转移书据印花税税率0.05%，下列关于钱某在房产交换行为中应负纳税义务的表述中，正确的有（　　）。

A. 钱某免缴土地增值税

B. 钱某应缴纳契税0.8万元

C. 钱某应缴纳营业税2.5万元

D. 钱某应缴纳印花税0.04万元

9. 下列合同中，免征印花税的有（　　）。

A. 贴息贷款合同

B. 仓储保管合同

C. 农牧业保险合同

D. 建设工程勘察合同

10. 企业发生的下列损失中，应以清单申报的方式申请企业所得税税前扣除的有（　　）。

A. 股权转让损失

B. 存货正常损耗

C. 企业应收款项坏账损失

D. 固定资产超过使用年限正常报废清理损失

11. 李某于2013年5月出租一套位于市中心的自有房产用于他人居住，租赁期为1年，租金为每月5000元，2013年6月李某花费2000元对房产进行了修缮，取得的当月租金已按规定缴纳了相关税费，税费支出均已取得合法有效凭证。下列关于李某2013年6月取得的租金收入应纳税事项的表述中，正确的有（　　）。

A. 应缴纳营业税75元

B. 应缴纳房产税200元

C. 应缴纳地方教育附加1.5元

D. 应缴纳城市维护建设税和教育费附加合计7.5元

12. 下列纳税申报方式中，符合税收征收管理法规定的有（　　）。

A. 直接申报

B. 网上申报

C. 邮寄申报

D. 口头申报

13. 税务行政复议机关可以对某些税务行政复议事项进行调解。以下符合税务行政复议调解要求的有（　　）。

A. 遵循客观，公正和合理的原则

B. 尊重申请人和被申请人的意愿

C. 在查明案件事实的基础上进行

D. 不得损害社会公共利益和他人合法权益

14. 下列税务代理业务中，属于涉税鉴证业务范围的有（　　）。

A. 研发费用加计扣除的鉴证

B. 企业所得税财产损失的鉴证

C. 企业所得税税前弥补亏损的鉴证

D. 企业所得税汇算清缴纳税申报的鉴证

三、计算问答题

1. 某礼花厂 2013 年 1 月发生以下业务：

（1）月初库存外购已税鞭炮的金额为 12000 元，当月购进已税鞭炮 300 箱，增值税专用发票上注明的每箱购进金额为 300 元。月末库存外购已税鞭炮的金额为 8000 元。其余为当月生产领用。

（2）当月生产甲鞭炮 120 箱，销售给 A 商贸公司 100 箱，每箱不含税销售价格为 800 元；其余 20 箱通过该企业自设非独立核算门市部销售，每箱不含税销售价格为 850 元。

（3）当月生产乙鞭炮 500 箱，销售给 B 商贸公司 250 箱，每箱销售价格为 1100 元；将 200 箱换取火药厂的火药，双方按易货价格开具了增值税专用发票，剩余的 50 箱作为福利发给职工。

（其他相关资料：上述增值税专用发票的抵扣联均已经过认证；鞭炮的消费税税率为 15%。）

要求：

根据上述资料，按照要求下列序号计算回答问题，每问需计算出合计数。

（1）计算礼花厂销售给 A 商贸公司鞭炮应缴纳的消费税。

（2）计算礼花厂销售给 B 商贸公司鞭炮应缴纳的消费税。

（3）计算礼花厂门市部销售鞭炮应缴纳的消费税。

（4）计算礼花厂用鞭炮换取原材料应缴纳的消费税。

（5）计算礼花厂将鞭炮作为福利发放应缴纳的消费税。

（6）计算礼花厂当月允许扣除的已纳消费税。

（7）计算礼花厂当月实际应缴纳的消费税。

2. 2013 年 7 月的一个周末，小明和他父母一起，到一海岛度假村作自驾游。行程中发生以下开销：

（1）周六清早，他们先到汽车维修中心取回已做完保养的自家车，支付更换刹车片费用 300 元，支付清洗油路费用 200 元；又顺道到维修中心附设独立核算的洗车行洗车，支付洗车费 20 元。

（2）出城上高速时，一家人先到高速公路服务站餐饮部用早餐，合计花费 100 元，另支付 50 元购得一箱矿泉水放入后备箱。

（3）出高速时，支付高速公路通行费 80 元。

（4）出高速后即是码头，私家车不准上海岛，只得支付 20 元寄存在码头停车场，该停车场由一失去左臂的退伍军人自营管理。

（5）顾客可从码头坐轮渡到海岛，往返每人50元，也可乘坐海岛旅游公司提供的旅游快艇到海岛，往返每人100元。在小明的坚持下，他妈陪小明坐了快艇，他爸独自坐轮渡，一家人最后在海岛上会合。

（其他相关资料：不考虑起征点因素、“营业税改征增值税试点”因素。）

要求：

根据上述资料，按照下列序号计算回答问题，每问需计算出合计数。

（1）计算汽车维修中心及洗车行取得的收入应缴纳的营业税。

（2）计算高速公路服务站餐饮部取得的收入应缴纳的营业税。

（3）计算高速公路通行费收入应缴纳的营业税。

（4）计算停车场收入应缴纳的营业税。

（5）计算轮渡收入应缴纳的营业税。

（6）计算旅游快艇收入应缴纳的营业税。

3. 2013年7月，某市税务机关拟对辖区内某房地产开发公司开发的房产项目进行土地增值税清算。该房地产开发公司提供该房产开发项目的资料如下：

（1）2011年3月以8000万元拍得用于该房地产开发项目的一宗土地，并缴纳契税；因闲置1年，支付土地闲置费400万元。

（2）2012年5月开始动工建设，发生开发成本5000万元；银行贷款凭证显示利息支出1000万元。

（3）2013年6月项目已销售可售建筑面积的80%，共计取得收入20000万元；可售建筑面积的20%投资入股某酒店，约定共担风险、共享收益。

（4）公司已按照3%的预征率预缴了土地增值税600万元，并聘请税务中介机构对该项目土地增值税进行审核鉴证。税务中介机构提供了鉴证报告。

（其他相关资料：当地适用的契税税率为 5%，省级政府规定其他开发费用的扣除比例为 5%。）

要求：

根据上述资料，按照要求（1）至要求（6）计算回答问题，如有计算，需计算出合计数。

（1）简要说明税务机关要求该公司进行土地增值税清算的理由。

（2）计算该公司清算土地增值税时允许扣除的土地使用权支付金额。

（3）计算该公司清算土地增值税时允许扣除的营业税、城市维护建设税、教育费附加和地方教育附加。

（4）计算该公司清算土地增值税时补缴的土地增值税。

（5）回答税务机关能否对清算补缴的土地增值税征收滞纳金，简要说明理由。

（6）回答税务机关对税务中介机构出具的鉴证报告，在什么条件下可以采信。

4. 中国公民张某自 2008 年起任国内某上市公司高级工程师。2012 年取得的部分收入如下：

（1）1 月取得任职公司支付的工资 7500 元，另取得地区津贴 1600 元，差旅费津贴 1500 元。

（2）公司于 2010 年实行股票期权计划。2010 年 1 月 11 日张某获得公司授予的股票期权 10000 份（该期权不可公开交易），授予价格为每份 6 元。当日公司股票的收盘价为 7.68 元。公司规定的股票期权行权期限是 2012 年 2 月 10 日至 9 月 10 日。张某于 2012 年 2 月 13 日对 4000 份股票期权实施行权，当日公司股票的收盘价为 9.6 元。

（3）5 月份取得财政部发行国债的利息 1200 元，取得 2011 年某省发行的地方政府债券的利息 560 元，取得国内某上市公司发行的公司债券利息 750 元。

（4）7月9日张某对剩余的股票期权全部实施行权，当日股票收盘价10.8元。

要求：

根据上述资料，按照下列序号计算回答问题，每问需计算合计数。

（1）计算1月份张某取得工资、津贴收入应缴纳的个人所得税。

（2）计算2月份张某实施股票期权行权应缴纳的个人所得税。

（3）计算5月份张某取得的各项利息收入应缴纳的个人所得税。

（4）计算7月份张某实施股票期权行权应缴纳的个人所得税。

附：工资、薪金所得个人所得税税率表（部分）

级数	全月含税应纳税所得额	税率（%）	速算扣除数
1	不超过1500元的	3	0
2	超过1500～4500元的部分	10	105
3	超过4500～9000元的部分	20	555

四、综合题

1.某石化生产企业为增值税一般纳税人，2013年6月生产经营业务如下：

（1）开采原油50万吨；对外销售原油8万吨并取得不含税销售收入9600万元，用开采的同类原油30万吨加工生产成汽油7.2万吨。

（2）进口原油40万吨，用于加工生产成汽油11.6万吨；进口原油共支付买价72000万元、运抵我国海关入境前的运输费320万元、装卸费用60万元、保险费110万元。

（3）购置炼油机器设备10台，每台单价26万元，取得增值税专用发票上注明价款共计260万元、增值税进项税额44.2万元；支付运输费用4万元并取得普通发票。

（4）批发销售汽油16万吨，开具增值税专用发票取得不含税销售收入96000万元，开具普通发票取得送货运输费收入4914万元。

（5）直接零售给消费者个人汽油2.8万吨，开具普通发票取得含税销售收入21000万元。

（6）销售使用过的未抵扣增值税进项税额的机器设备6台，开具普通发票取得含税销售收入17.68万元。

（其他相关资料：假定原油资源税税率8%，关税税率2%，汽油1吨=1388升，消费税税率1元/升，不考虑“营业税改征增值税”试点因素，上述相关票据均已经过比对认证。）

要求：

根据上述相关资料，按顺序回答下列问题，如有计算，每问需计算出合计数。

（1）计算该企业 6 月份应缴纳的资源税税额。

（2）计算销售原油应当缴纳的增值税税额。

（3）计算进口原油应缴纳的关税税额。

（4）计算进口原油应缴纳的增值税税额。

（5）计算购进机器设备应抵扣的增值税进项税额。

（6）计算批发销售汽油的增值税销项税额。

（7）计算批发销售汽油应缴纳的消费税税额。

（8）计算零售汽油的增值税销项税额。

（9）计算零售汽油应缴纳的消费税税额。

（10）计算销售机器设备应缴纳的增值税税额。

（11）计算该石化生产企业 6 月份共计应缴纳的增值税税额。

2. 某外资持股 25% 的重型机械生产企业，2012 年全年主营业务收入 7500 万元，其他业务收入 2300 万元，营业外收入 1200 万元，主营业务成本 6000 万元，其他业务成本 1300 万元，营业外支出 800 万元，营业税金及附加 420 万元，销售费用 1800 万元，管理费用 1200 万元，财务费用 180 万元，投资收益 1700 万元。

当年发生的部分具体业务如下：

（1）将两台重型机械设备通过市政府捐赠给贫困地区用于公共设施建设，"营业外支出"中已列支两台设备的成本及对应的销项税额合计 247.6 万元，每台设备市场售价为140万元（不含增值税）。

（2）向95%持股的境内子公司转让一项账面余值（计税基础）为500万元的专利技术，取得转让收入700万元，该项转让已经省科技部门认定登记。

（3）实际发放职工工资1400万元，发生职工福利费支出200万元，拨缴工会经费30万元并取得专用收据，发生职工教育经费支出25万元，以前年度累计结转至本年的职工教育经费扣除额为5万元。

（4）发生广告支出1542万元，发生业务招待费支出90万元，其中有20万元未取得合法票据。

（5）从事《国家重点支持的高新技术领域》规定项目的研究开发活动，对研发费用实行专账管理，发生研发费用支出200万元（含委托某研究所研发支付的委托研发费用80万元）。

（6）就2011年税后利润向全体股东分配股息1000万元，另向境外股东支付特许权使用费50万元。

（其它相关资料：除非特别说明，各扣除项目均已取得有效凭证，相关优惠已办理必要手续，不考虑“营业税改征增值税”试点和税收协定的影响。）

要求：

根据上述资料，按照要求（1）至要求（7）回答下列问题，如有计算，每问需计算出合计数。

（1）计算业务（1）应调整的应纳税所得额。

（2）计算业务（2）应调整的应纳税所得额。

（3）计算业务（3）应调整的应纳税所得额。

（4）计算业务（4）应调整的应纳税所得额。

（5）计算业务（5）应调整的应纳税所得额。

（6）计算业务（6）应扣缴的营业税税额、预提所得税税额。

（7）计算该企业2012年应纳企业所得税税额。

2013年度注册会计师全国统一考试·税法考试真题参考答案深度全面解析与应试重点

一、单项选择题

1.【参考答案】C

【本题考点】税收法律层级

【解析】《中华人民共和国个人所得税法》和《中华人民共和国税收征管法》属于全国人民代表大会和全国人大常委会制定的税收法律；《中华人民共和国增值税暂行条例实施细则》属于国务院税务主管部门制定的税收部门规章。答案选C。

2.【参考答案】A

【本题考点】小规模纳税人销售使用过的固定资产的增值税计算

【解析】小规模纳税人销售自己使用过的固定资产，减按2%征收率征收增值税。

因此，该商店应缴纳的增值税额为：

66950÷（1+3%）×3%+17098÷（1+3%）×2%=1950+332=2282（元）。

3.【参考答案】A

【本题考点】价外费用

【解析】价外费用，包括价外向购买方收取的手续费、补贴、基金、集资费、返还利润、奖励费、违约金、滞纳金、延期付款利息、赔偿金、代收款项、代垫款项、包装费、优质费以及其他各种性质的价外收费。但不包括销售货物的同时代办保险等向购买方收取的保险费，以及向购买方收取的代购买方缴纳的车辆购置税、车辆牌照费。答案选A。

4.【参考答案】B

【本题考点】营业税征税范围；增值税的征税范围

【解析】该题出于2013年，此时还未进行全面营改增。快递月饼收取快递费应按照邮电通信业3%的税率计算缴纳营业税，选项A错误；异地快递一跑步机并代供货商收款，取得代收款手续费，应当按照邮电通信业5%的税率计算缴纳营业税，选项B正确；向加盟商提供递送网络服务并销售快递单应按照邮电通信业3%的税率计算缴纳营业税，选项C错误；快递货物的同时进行包装服务属于邮电通信业的混合销售行为，一并按照邮电通信业3%的税率计算缴纳营业税，选项D错误。答案选B。

5.【参考答案】B

【本题考点】免征营业税的内容和营业税的纳税范围

【解析】该题出于2013年，此时还未进行全面营改增。个人转让著作权免征营业税。因此李某应就其所取得的收入缴纳营业税为10×5%=0.5（万元）。

6.【参考答案】B

【本题考点】消费税的征收环节和计算

【解析】纳税人（卷烟批发商）销售给纳税人以外的单位和个人的卷烟于销售时纳税。纳税人之间销售的卷烟不缴纳消费税。因此甲企业应缴纳消费税额为（150+50）×13000×5%=130000（元）。

7.【参考答案】D

【本题考点】组成计税价格的计算

【解析】代收代缴消费税的组成计税价格公式为：

组成计税价格=（材料成本+加工费）/（1–消费税税率）

因此，乙企业代收代缴消费税的组成计税价格为（12+1+0.87）÷（1–5%）=14.6（万元）。

8.【参考答案】D

【本题考点】关税的计算

【解析】陆运、空运和海运进口货物的运费和保险费，应当按照实际支付的费用计算。如果进口货物的运费无法确定或未实际发生，海关应当按照该货物进口同期运输行业公布的运费率（额）计算运费；按照“货价加运费”两者总额的千分之三计算保险费。因此，该公司进口舞台设备应缴纳的关税为（185–10+25）×（1+3‰）×20%=40.12（万元）。

9.【参考答案】D

【本题考点】土地增值税的征税范围和免税内容

【解析】企业间互换办公用房、企业转让一栋房产给政府机关用于办公、房地产开发企业将建造的商品房作价入股某酒店，这三种情形均不属于免征土地增值税范围，应当照章征收土地增值税。答案选D。

10.【参考答案】C

【本题考点】房产税的计算（从租计征）

【解析】租赁双方签订的租赁合同约定有免收租金期限的，免收租金期间由产权所有人按照房产原值缴纳房产税。因此，甲公司应缴纳的房产税额为：

8000×（1–30%）×1.2%×1/2+7500×（1–30%）×1.2%×1/2+2×6×12%=66.54（万元）。

11.【参考答案】C

【本题考点】城镇土地使用税的计算

【解析】城镇土地使用税根据实际使用土地的面积，按税法规定的单位税额交纳。其计算公式如下：

应纳城镇土地使用税额 = 应税土地的实际占用面积 × 适用单位税额

一般规定每平方米的年税额，大城市 1.5 元至 30 元；中等城市 1.2 元至 24 元；小城市 0.9 元至 18 元；县城、建制镇、工矿区 0.6 元至 12 元。

该公园 2012 年度应缴纳的城镇土地使用税额为（1+0.5）×2=3（万元）。

12.【参考答案】A

【本题考点】耕地占用税的减征内容

【解析】税法规定，农村居民占用耕地新建住宅，应当按照当地适用税额减半征收耕地占用税。因此，张某应缴纳的耕地占用税为 300×25×50%=3750（元）。

13.【参考答案】A

【本题考点】契税的征税和免税范围

【解析】题目设定时间为 2013 年，在全面营改增之前。

个人无偿赠送房产，受赠方需要计算缴纳契税。但法定继承人（包括配偶、子女、父母、兄弟姐妹、祖父母、外祖父母）继承土地、房屋权属，不征契税。因此，林某应就受赠房产缴纳契税 100×4%=4（万元）。而刘某儿子不需要缴纳契税。

14.【参考答案】B

【本题考点】车辆购置税的计算

【解析】在应纳税额的计算当中，应注意以下费用的计税规定：

（1）购买者随购买车辆支付的工具件和零部件价款应作为购车价款的一部分，并入计税依据中征收车辆购置税。

（2）支付的车辆装饰费应作为价外费用并入计税依据中计税。

（3）代收款项应区别征税。凡使用代收单位（受托方）票据收取的款项，应视作代收单位价外收费，购买者支付的价费款，应并入计税依据中一并征税；凡使用委托方票据收取，受托方只履行代收义务和收取代收手续费的款项，应按其他税收政策规定征税。

工具件和零部件，以及车辆装饰费，是不论如何开票，均要一并征收车辆购置税的。

因此，王某应缴纳的车辆购置税为（234000+1000）÷（1+17%）×10%=20085.47（元）。

15.【参考答案】A

【本题考点】车船税的计算和纳税时间的确定

【解析】拖船，是指专门用于拖（推）动运输船舶的专业作业船舶。拖船按照发动机功率每2马力折合净吨位1吨计算征收车船税。且拖船和非机动驳船分别按船舶税额的50%计算。购置的新车船，购置当年的应纳税额自纳税义务发生的当月起按月计算。

因此，该公司应缴纳的车船税额为：

1500×5×4+3000÷2×4×4×50%+3000×6×5×6÷12=87000（元）。

16.【参考答案】B

【本题考点】印花税的征税范围

【解析】对发电厂与电网之间、电网与电网之间（国家电网公司系统、南方电网公司系统内部各级电网互供电量除外）签订的购售电合同按购销合同征收印花税。电网与用户之间签订的供用电合同不属于印花税列举征税的凭证，不征收印花税；融资租赁合同属于印花税征税范围；人寿保险合同不属于印花税税目税率表中列举征税的合同，因此订立人寿保险合同无需缴纳印花税；一般的法律、会计、审计等方面的咨询不属于技术咨询，其所立合同不贴印花税。答案选B。

17.【参考答案】C

【本题考点】企业所得税的免税和减税内容

【解析】企业从事以下农、林、牧、渔业项目的所得，免征企业所得税：

（1）蔬菜、谷物、薯类、油料、豆类、棉花、麻类、糖料、水果、坚果的种植；

（2）农作物新品种的选育；

（3）中药材的种植；

（4）林木的培育和种植；

（5）牲畜、家禽的饲养；

（6）林产品的采集；

（7）灌溉、农产品初加工、兽医、农技推广、农机作业和维修等农、林、牧、渔服务业项；

（8）远洋捕捞。

而海水养殖减半征收企业所得税，答案选C。

18.【参考答案】A

【本题考点】企业所得税不视同销售的内容

【解析】税法规定，资产所有权属在形式和实质未发生改变，可作为内部处置资产，不视同销售确认收入。具体情形如下（除将资产转移至境外以外）:

（1）将资产用于生产、制造、加工另一产品；

（2）改变资产形状、结构或性能；

（3）改变资产用途（如自建商品房转为自用或经营）；

（4）将资产在总机构及其分支机构之间转移；

（5）上述两种或两种以上情形的混合；

（6）其他不改变资产所有权属的用途。

而将资产用于股息分配应视同销售确定企业所得税应税收入，答案选A。

19.【参考答案】D

【本题考点】个人所得税的计算

【解析】股票转让所得应以1个纳税年度内，个人股票转让所得与损失盈亏相抵后的正数为申报所得数额，盈亏相抵为负数的，按“零”填写，选项A错误；工资薪金所得应当按照未减除费用及附加减除费用的收入额计算，选项B错误；劳务报酬所得，在计算个人所得税时不得减除纳税人在提供劳务或让渡特许权使用权过程中缴纳的有关税费，选项C错误；纳税人一次取得跨年度财产租赁所得，应全部视为实际取得所得年度的所得，选项D正确。答案选D。

20.【参考答案】B

【本题考点】涉及股票的相关税种计算（个人所得税、印花税等）

【解析】题目设定时间为2013年2月，此时有关购进股票的印花税政策还未变动。

2月购进股票时应缴纳的印花税不需要缴纳印花税，选项A错误；4月取得分红所得时应缴纳的个人所得税35000×50%×20%=3500（元），选项B正确；个人转让股票暂不征收个人所得税，选项C错误；张某转让股票时应缴纳印花税

12.8×100000×0.5‰=640（元），选项D错误。答案选B。

21.【参考答案】D

【本题考点】税务登记时间要求

【解析】根据相关规定，税务登记时间要求如下：

（1）从事生产、经营的纳税人领取工商营业执照（含临时工商营业执照）的，应当自领取工商营业执照之日起30日内申报办理税务登记，税务机关核发税务登记证及副本（纳税人领取临时工商营业执照的，税务机关核发临时税务登记证及副本）；

（2）从事生产、经营的纳税人未办理工商营业执照但经有关部门批准设立的，应当自有关部门批准设立之日起30日内申报办理税务登记，税务机关核发税务登记证及副本；

（3）从事生产、经营的纳税人未办理工商营业执照也未经有关部门批准设立的，应当自纳税义务发生之日起30日内申报办理税务登记，税务机关核发临时税务登记证及副本；

（4）有独立的生产经营权、在财务上独立核算并定期向发包人或者出租人上交承包费或租金的承包承租人，应当自承包承租合同签订之日起30日内，向其承包承租业务发生地税务机关申报办理税务登记，税务机关核发临时税务登记证及副本；

（5）从事生产、经营的纳税人外出经营，自其在同一县（市）实际经营或提供劳务之日起，在连续的12个月内累计超过180天的，应当自期满之日起30日内，向生产、经营所在地税务机关申报办理税务登记，税务机关核发临时税务登记证及副本；

（6）境外企业在中国境内承包建筑、安装、装配、勘探工程和提供劳务的，应当自项目合同或协议签订之日起30日内，向项目所在地税务机关申报办理税务登记，税务机关核发临时税务登记证及副本。

因此，答案选D。

22.【参考答案】A

【本题考点】税收保全措施的适用条件

【解析】根据税法，税务机关可以采取的税收保全措施如下：

（1）书面通知纳税人开户银行或者其他金融机构冻结纳税人的金额相当于应纳税款的存款；

（2）扣押、查封纳税人的价值相当于应纳税款的商品、货物或者其他财产。

可见选项A正确，选项B说法错误；而选项C、D所述均不属于税收保全措施。

答案选A。

23.【参考答案】B

【本题考点】行政复议中止条件

【解析】行政复议中止的行为包含：

（1）作为申请人的自然人死亡，其近亲属尚未确定是否参加行政复议的；

（2）作为申请人的自然人丧失参加行政复议的能力，尚未确定法定代理人参加行政复议的；

（3）作为申请人的法人或者其他组织终止，尚未确定权利义务承受人的；

（4）作为申请人的自然人下落不明或者被宣告失踪的；

（5）申请人、被申请人因不可抗力，不能参加行政复议的；

（6）案件涉及法律适用问题，需要有权机关做出解释或者确认的；

（7）案件审理需要以其他案件的审理结果为依据，而其他案件尚未审结的；

（8）其他需要中止行政复议的情形。行政复议中止的原因消除后，应当及时恢复行政复议案件的审理。行政复议机构中止、恢复行政复议案件的审理，应当告知有关当事人。

可见，选项A、C、D所述事项均属于行政复议中止的行为。而“申请人要求撤回行政复议申请，行政复议机构准予撤回的”的情形属于终止行政复议的情况。答案选B。

24.【参考答案】A

【本题考点】税种认定登记的内容

【解析】税种认定登记是在纳税人办理了开业税务登记和变更税务登记之后，由主管税务局（县级以上国税局、地税局）根据纳税人的生产经营项目，进行适用税种、税目、税率的鉴定，以指导纳税人、扣缴义务人办理纳税事宜。答案选A。

二、多项选择题

1.【参考答案】A、B、D

【本题考点】各税种的计算方法

【解析】消费税、营业税、城市维护建设税均属于采用比例税率征收的税种；城镇土地使用税属于采取定额税率征收的税种。答案选A、B、D。

2.【参考答案】A、B、D

【本题考点】加油站的增值税扣除项目

【解析】根据税法规定，加油站通过加油机加注成品油属于以下情形的，允许在当月成品油销售数量中扣除：

（1）经主管税务机关确定的加油站自有车辆自用油；

（2）外单位购买的，利用加油站的油库存放的代储油。加油站发生代储油业务时，应凭委托代储协议及委托方购油发票复印件向主管税务机关申报备案；

（3）加油站本身倒库油。加油站发生成品油倒库业务时，须提前向主管税务机关报告说明，由主管税务机关派专人实地审核监控；

（4）加油站检测用油（回罐油）。上述允许扣除的成品油数量，加油站月终应根据《加油站月销售油品汇总表》统计的数量向主管税务机关申报。

因此，答案选A、B、D。

3.【参考答案】C、D

【本题考点】出口免税并退税范围和出口免税但不退税范围

【解析】有出口经营权的生产性企业自营出口或者生产企业委托外贸企业代理出口自产的应税消费品，依据其实际出口数量免征消费税，不予办理退还消费税。选项A、B错误；有出口经营权的外贸企业购进用于直接出口的应税消费品，或者受其他外贸企业委托代理出口的应税消费品免征消费税，并且办理退换消费税。答案选C、D。

4.【参考答案】A、C、D

【本题考点】营业税征收范围

【解析】银行取得的同业拆借利息收入不属于营业税征税范围，不征收营业税。答案选A、C、D。

提示：该题出于2013年，此时为进行全面营改增。

5.【参考答案】B、C、D

【本题考点】特殊进口货物关税完税价格的确定

【解析】提示：新大纲已经将该知识点删除。

（1）运往境外加工货物的完税价格。对于出境时已向海关申报并在海关规定期限内复运进境的运往境外加工货物，应当以加工后的货物进境时的到岸价格与原出境货物（或者与原出境货物或类似的货物）在进境时的到岸价格之间的差额作为完税价格。如果原出境货物在出境申报出境时的离岸价格替代。当以上两种方法的到岸价格都无法得到时，可用类似于估算的方法，将原出境货物在境外加工时支付的工缴费加上运抵我国关境输入地点起卸前的包装费、运费、保险费等一切费用作为完税价格。(2)运往境外修理的机械器具、运输工具等货物的完税价格。对于运往境外修理，出境时已向海关报明并在海关规定期限内复运进境的机械器具、运输工具或其他货物，应当以海关审定修理费和料件费作为完税价格。(3)租赁货物完税价格。对于以租赁和租借方式进境的货物，以海关审定的租金作为完税价格。(4)逾期未出境的暂时进口货物完税价格。对于经海关批准暂时进口的施工机械、工程车辆、供安装使用的仪器和工具、电视或电影设置机械，以及盛装货物的容器，如超过半年仍留在国内使用的，应自第七个月起按月征收进口关税，其完税价格按原货进口时的到岸价格确定，每月的关税额计算公式为：关税税额＝货物原到岸价格×关税率。(5)留购的进口货样、广告品完税价格。归于国内单位留购的进口货样、展览品和广告陈列品，以留购价格作为完税价格。但对于留购货样、展览品和广告陈列品的买方除支付留购货款外另又直接或间接给卖方一定利益的，海关可以另行确定留购货物的完税价格。(6)需补税的特定减免税货物完税价格。经海关核准的特定减免税进口货物，因转让或出售需予补税时，可按这些货物原进口时的完税价格。

答案选B、C、D。

6.【参考答案】A、B、C、D

【本题考点】房产税的计算、征税范围确定、纳税人的确定

【解析】房产税以在征税范围内的房屋产权所有人为纳税人(受益人)。其中：产权属国家所有的，由经营管理单位纳税；产权属集体和个人所有的，由集体单位和个人纳税；产权出典的，由承典人纳税；产权所有人、承典人不在房屋所在地的，由房产代管人或者使用人纳税；产权未确定及租典纠纷未解决的，亦由房产代管人或者使用人纳税；无租使用其他房产的问题。纳税单位和个人无租使用房产管理部门、免税单位及纳税单位的房产，应由使用人代为缴纳房产税(如企业无租使用政府机构办公楼用于办公)。因此，答案选A、B、C、D。

7.【参考答案】B、D

【本题考点】营业税、印花税、契税的征税范围

【解析】题目设定为2012年，属于全面营改增之前。融资性售后回租业务中承租方出售资产行为，不属于营业税征收范围，不征收营业税，选项A错误；对金融租赁公司开展售后回租业务，承受承租人房屋、土地权属的，照章征税。对售后回租合同期满，承租人回购原房屋、土地权属的，免征契税，选项B正确、选项

C 错误；印花税的纳税人指订立合同的当事人，因此甲公司应缴纳印花税，选项 D 正确。

8.【参考答案】A、B

【本题考点】契税的征税范围；印花税的免税范围

【解析】个人之间互换自有居住用户地产的，经当地税务机关核实，可以免征土地增值税，选项 A 正确；房屋作价交换的，由支付差价方按房屋交换差价缴纳契税，因此钱某应缴纳契税 20×4%=0.8 万元，选项 B 正确；个人将购买超过 5 年（含 5 年）的普通住房对外销售的，免征营业税，选项 C 错误；个人购进或销售住房暂免征收印花税，选项 D 错误。答案选 A、B。

9.【参考答案】A、C

【本题考点】印花税的征税和免税范围

【解析】无息、贴息贷款合同和农牧业保险合同属于免征印花税的范围。仓储保管合同、建设工程勘察合同属于印花税征税范围，应照章征税。答案选 A、C。

10.【参考答案】B、D

【本题考点】以清单申报的方式向税务机关申报扣除的资产损失

【解析】根据税法规定，下列资产损失应以清单申报的方式向税务机关申报扣除：

（1）企业在正常经营管理活动中，按照公允价格销售、转让、变卖非货币资产的损失；

（2）企业各项存货发生的正常损耗；

（3）企业固定资产达到或超过使用年限而正常报废清理的损失；

（4）企业生产性生物资产达到或超过使用年限而正常死亡发生的资产损失；

（5）企业按照市场公平交易原则，通过各种交易场所、市场等买卖债券、股票、期货、基金以及金融衍生产品等发生的损失。

除上述应以清单申报方式申报扣除的资产损失外，其它资产损失应以专项申报的方式向税务机关申报扣除。企业无法准确判别是否属于清单申报扣除的资产损失，可以采取专项申报的形式申报扣除。

而选项 A、C 所述事项应以专项申报方式申请企业所得税税前扣除。答案选 B、D。

11.【参考答案】A、B、C、D

【本题考点】营业税、城建、教育费附加的计算

【解析】本题目设定于 2013 年 5 月，还未进行全面营改增。李某 6 月取得租金收入应缴纳营业税额 5000×3%×50%=75（元），选项 A 正确；李某应缴纳房产税

5000×4%=200（元），选项 B 正确；李某应缴纳地方教育附加 75×2%=1.5（元），选项 C 正确；李某应缴纳城市维护建设税和教育费附加合计为 75×（7%+3%）=7.5（元），选项 D 正确。答案选 A、B、C、D。

12.【参考答案】A、B、C

【本题考点】纳税申报方式的方式

【解析】纳税申报方式的方式有：直接申报，也称上门申报；邮寄申报；数据电文申报，也称电子申报；简易申报。口头申报不属于纳税申报的方式。答案选 A、B、C。

13.【参考答案】A、B、C、D

【本题考点】调解的要求

【解析】税务行政复议调解的要求如下：

（1）尊重申请人和被申请人的意愿；

（2）在查明案件事实的基础上进行；

（3）遵循客观、公正和合理原则；

（4）不得损害社会公共利益和他人合法权益。

可见，选项 A、B、C、D 均符合要求。

14.【参考答案】A、B、C、D

【本题考点】涉税鉴证业务的范围

【解析】涉税鉴证业务范围如下：

（1）企业所得税汇算清缴申报鉴证；

（2）企业税前弥补亏损和资产损失鉴证；

（3）关联企业间业务往来预约定价鉴证；

（4）企业变更税务登记、注销税务登记税款清算鉴证；

（5）纳税异常税负偏低企业特定税种纳税情况鉴证；

（6）房地产开发企业完工产品销售收入的实际毛利额与预计毛利额差异调整鉴证；

（7）房地产开发企业土地增值税清算申报鉴证；

（8）营业税纳税企业差额计税鉴证；

（9）增值税一般纳税人辅导期增值税纳税情况鉴证；

（10）高新技术企业研究开发费用和高新技术产品（服务）收入鉴证；

（11）申请退、抵税款和享受减、免税（费）鉴证；

（12）个人独资、合伙企业的个人所得税汇算清缴的鉴证；

（13）社保费年度清算鉴证；

（14）其他涉税鉴证。

因此，根据规定选项 A、B、C、D 均属于涉税鉴证业务。

三、计算问答题

1.【本题考点】消费税的计算

【参考答案及解析】

（1）鞭炮在生产环节缴纳消费税。礼花厂销售给 A 商贸公司鞭炮应缴纳的消费税为 100×800×15%=12000（元）。

（2）礼花厂销售给 B 商贸公司鞭炮应缴纳的消费税为 250×1100×15%=41250（元）。

（3）纳税人通过非独立核算门市部销售的自产应税消费品，应按门市部对外销售额或者销售数量征收消费税。

因此，礼花厂门市部销售鞭炮应缴纳的消费税为 20×850×15%=2550（元）。

（4）对于以资产产品换取原材料、消费资料、投资入股、抵偿债务的，按照同类应税消费品的最高价格作为计税依据。

因此，礼花厂用鞭炮换取原材料应缴纳的消费税为 200×1100×15%=33000（元）。

（5）礼花厂将鞭炮作为福利发放应缴纳的消费税为 50×1100×15%=8250（元）。

（6）礼花厂允许扣除的已纳消费税额为（12000+300×300–8000）×15%=14100（元）。

（7）礼花厂实际应缴纳的消费税额为 12000+41250+2550+33000+8250–14100=82950（元）。

2.【本题考点】营业税的计算

【参考答案及解析】

该题目设定时间为 2013 年 7 月，在全面营改增之前，因此当时还涉及到营业税的相关内容。目前，营业税已经全部被增值税取代，本题目前所有项目都已经缴纳增值税，以下答案在现行税收政策下并不正确。

（1）汽车维修中心及洗车行取得的收入应缴纳的营业税额为 20×5%=1（元）。

（2）高速公路服务站餐饮部取得的收入应缴纳的营业税额为 100×5%=5（元）。

（3）高速公路通行费收入应缴纳的营业税额为 80×3%=2.4（元）。

（4）残疾人员个人为社会提供的劳务，免征营业税。

因此，停车场收入应缴纳的营业税为 0。

（5）轮渡收入应缴纳的营业税额为 50×3%=1.5（元）。

（6）旅游快艇收入应缴纳的营业税额为 100×2×5%=10（元）。

3.【本题考点】土地增值税的清算条件和计算

【参考答案及解析】

（1）房地产开发企业将开发产品用于对外投资的，应视同销售房地产。

符合下列情形之一的，主管税务机关可要求纳税人进行土地增值税清算：

（1）已竣工验收的房地产开发项目，已转让的房地产建筑面积占整个项目可售建筑面积的比例在85%以上，或该比例虽未超过85%，但剩余的可售建筑面积已经出租或自用的；

（2）取得销售（预售）许可证满三年仍未销售完毕的；

（3）纳税人申请注销税务登记但未办理土地增值税清算手续的；

（4）省税务机关规定的其他情况。

题中的房地产开发项目全部竣工、并且完成销售（80%已对外销售，20%发生视同销售），符合土地增值税清算条件，房地产公司应进行土地增值税清算。

（2）取得土地使用权所支付的金额是指纳税人为取得土地使用权所支付的地价款和按国家统一规定交纳的有关费用。

因此，取得土地使用权时应纳契税8000×5%=400（万元）。

该公司清算土地增值税时允许扣除的土地使用权支付金额8000+400=8400（万元）。

（3）允许扣除的城市维护建设税和教育费附加按照允许扣除的营业税金额作为计税基础进行计算，该房地产开发公司位于市区，适用7%的城市维护建设税税率，3%的教育费附加税率和2%的地方教育费附加税率。

因此，该公司清算土地增值税时允许扣除的营业税、城市维护建设税、教育费附加和地方教育附加20000×5%×（1+7%+3%+2%）=1120（万元）。

（4）扣除项目金额为：

8400+5000+[1000+（8400+4000）×5%]+1120+（8400+5000）×20%=18870（万元）。

增值额为：20000÷80%–18870=6130（万元）。

增值率为：7380÷17620×100%=32.49%。

级 距	税率	速算扣除系数	税额计算公式
1	增值额未超过扣除项目金额50%的部分	30%	0%
2	增值额超过扣除项目金额50%，未超过100%的部分	40%	5%
3	增值额超过扣除项目金额100%，未超过200%的部分	50%	15%
4	增值额超过扣除项目金额200%的部分	60%	35%

增值率位于第一档，因此适用 30% 的土地增值税税率。

应纳土地增值税 6130×30%=1839（万元）。

补缴土地增值税 1839-600=1239（万元）。

（5）税务机关不能对清算补缴的土地增值税征收滞纳金。

理由：根据税法规定，纳税人按规定预缴土地增值税后，清算补缴的土地增值税，在主管税务机关规定的期限内补缴的，不加收滞纳金。

（6）国税发 [2006]187 号文件第六条规定：税务中介机构受托对清算项目审核鉴证时，应按税务机关规定的格式对审核鉴证情况出具鉴证报告。对符合要求的鉴证报告，税务机关可以采信。

4.【本题考点】个人所得税的计算

【参考答案及解析】

（1）差旅费津贴不属于工资、薪金性质的补贴、津贴或者不属于纳税人本人工资、薪金所得项目的收入，不征个人所得税。地区津贴应当合并入工资、薪金计算个人所得税。

当月应税所得为 7500+1600=9100（元）。

当月含税应纳税是所得额为 9100-3500=5600（元），超过 4500 元，低于 9000 元，因此适用第三级数。

当月应缴纳的个人所得税额为 5600×20%-555=565（元）。

（2）员工行权日所在期间的工资薪金所得，应按下列公式计算工资薪金应纳税所得额：

股票期权形式的工资薪金应纳税所得额 =（行权股票的每股市场价 - 员工取得该股票期权支付的每股施权价）× 股票数量

应纳税额 =（股票期权形式的工资薪金应纳税所得额 / 规定月份数 × 适用税率 - 速算扣除数）× 规定月份数

因此，根据税法规定的计算方法，行权取得的所得额为（9.6-6）×4000=14400（元）。

应缴纳的个人所得税为 14400÷12×3%×12=432（元）。

（3）国债和国家发行的金融债券利息，免纳个人所得税；对企业和个人取得的 2009 年、2010 年、2011 年和 2012 年及以后年度发行的地方政府债券利息所得，免征企业所得税和个人所得税。

因此，5 月份张某取得的各项利息收入应缴纳的个人所得税为 50×20%=150（元）。

（4）张某在 2 月份第 1 次行权的所得额为 4000×（9.6-6）=14400（元）。

张某在 7 月份第 2 次行权的所得额为 6000×（10.8–6）=28800（元）。

因此，张某 7 月实施股票期权行权应缴纳的个人所得税为：

[（14400+28800）÷12×10%–105]×12–432=2628（元）。

四、综合题

1.【本题考点】资源税、关税和增值税的计算

【参考答案及解析】

（1）现行资源税计税依据是指纳税人应税产品的销售数量和自用数量。具体是这样规定的：纳税人开采或者生产应税产品销售的，以销售数量为课税数量；纳税人开采或者生产应税产品自用的，以自用数量为课税数量。

因此，该企业 6 月份应缴纳的资源税税额为 9600÷8×（8+30）×8%=3648（万元）。

（2）销售原油应当缴纳的增值税税额为 9600×17%=1632（万元）。

（3）进口货物的完税价格包括货物的货价、货物运抵我国境内输入地点起卸前的运输及其相关费用、保险费，进口货物完税价格计算公式如下：

进口货物完税价格＝货价＋采购费用（包括货物运抵中国关境内输入地起卸前的运输、保险和其他劳务等费用）。

因此，进口原油应缴纳的关税税额为（72000+320+60+110）×2%=1449.8（万元）。

（4）进口原油应缴纳的增值税税额为（72000+320+60+110+1449.8）×17%=12569.77（万元）。

（5）在运输业营改增以前，增值税一般纳税人销售货物、购进原材料等发生运费，如取得运输企业开来的专业发票，可以按照 7% 的扣除率计算进项税额。

购进机器设备应抵扣的增值税进项税额为 44.2+4×7%=44.48（万元）。

（6）此业务中，送货运输费收入属于价外费用，应当价税分离后计算销项税额。

因此，批发销售汽油的增值税销项税额为 96000×17%+4914÷（1+17%）×17%=17034（万元）。

（7）批发销售汽油应缴纳的消费税税额为 16×1388×1=22208（万元）。

（8）零售汽油的增值税销项税额为 21000÷（1+17%）×17%=3051.28（万元）。

（9）零售汽油应缴纳的消费税税额为 2.8×1388×1=3886.4（万元）。

（10）在旧政策下，一般纳税人销售自己使用过的属于《增值税暂行条例》第十条规定不得抵扣且未抵扣进项税额的固定资产，按简易办法依 4% 征收率减半征收增值税。

因此，销售使用过的机器设备应缴纳的增值税税额为 17.68÷（1+4%）×4%×50%=0.34（万元）。

（11）该石化生产企业 6 月份共计应缴纳的增值税税额为：1632+17034+3051.28−12569.77−44.48+0.34=9103.37（万元）。

2.【本题考点】企业所得税的计算（应纳税所得额的调整）

【参考答案及解析】

题目设定业务发生于 2012 年，此时还未进行全面营改增，因此业务（6）缴纳营业税。

（1）企业将自产货物用于捐赠，应分解为按公允价值视同销售和捐赠两项业务进行所得税处理。一方面要视同销售找出公允价与该资产成本之间的差额（视同毛利）计入计税所得。另一方面按规定区分公益性捐赠还是非公益性捐赠，如果是公益性捐赠不超过年度利润总额 12% 的部分，准予扣除。超标准的公益性捐赠，不得结转以后年度。

纳税人向受赠人的直接捐赠，不得扣除，应作纳税调整。

公益性捐赠包括货币捐赠和非货币捐赠，非货币性捐赠应当以公允价值计算。

因此企业将两台设备捐赠给贫困地区用于公共设施建设，在企业所得税上应当视同销售。

确认视同销售收入 140×2=280（万元）。

同时还应当确认视同销售成本（247.6−140×17%×2）=200（万元）。

视同销售业务应调增应纳税所得额 280−200=80（万元）。

企业发生的公益性捐赠支出，不超过年度利润总额 12% 的部分，准予扣除。超标准的公益性捐赠，不得结转以后年度。

该企业年度利润总额为：7500+2300+1200−6000−1300−800−420−1800−1200−180+1700=1000（万元）。

由此可以计算公益性捐赠支出税前扣除限额：

公益性捐赠支出税前扣除限额为 1000×12%=120（万元），小于实际捐赠 247.6 万元。

因此，应调增应纳税所得额 247.6−120=127.6（万元）。

综上，业务（1）应调增应纳税所得额 80+127.6=207.6（万元）。

（2）一个纳税年度内，居民企业转让技术所有权所得不超过 500 万元的部分，免征企业所得税；超过 500 万元的部分，减半征收企业所得税。

根据题干可知，技术转让所得为 700−500=200（万元），小于 500 万元，因此免征企业所得税，应调减应纳税所得额 200 万元。

（3）企业发生的职工福利费支出，不超过工资薪金总额 14% 的部分，准予扣除。企业发生的职工教育经费支出，不超过工资薪金总额 2.5% 的部分，准予扣除；超过部分，准予在以后纳税年度结转扣除。企业拨缴的职工工会经费，不超过工资薪金总额 2% 的部分，凭工会组织开具的《工会经费收入专用收据》在企业所得税税前扣除。

职工福利费税前扣除限额为 1400×14%=196（万元），小于实际发生的职工福利费 200 万元。

因此，职工福利费项目应调增应纳税所得额 200–196=4（万元）。

工会经费税前扣除限额 1400×2%=28 万元，小于实际拨缴的工会经费 30 万元。

因此，工会经费项目应调增应纳税所得额 30–28=2（万元）。

职工教育经费税前扣除限额 1400×2.5%=35（万元）。

本年度职工教育经费 25 万元加上以前年度累计结转至本年的职工教育经费 5 万元，共计 30 万元，小于扣除限额 35 万元。

因此，本年度发生的职工教育经费 25 万元准予据实扣除，不需要进行纳税调整，以前年度累计结转至本年度的职工教育经费可以在本年度扣除，因此职工教育经费项目应调减应纳税所得额 5 万元。

综上，业务（3）应调增应纳税所得额 4+2–5=1（万元）。

（4）企业发生的符合条件的广告费和业务宣传费支出，除国务院财政、税务主管部门另有规定外，不超过当年销售（营业）收入 15% 的部分，准予扣除；超过部分，准予在以后纳税年度结转扣除。

本年度广告费税前扣除限额为（7500+2300+280）×15%=1512（万元），小于实际发生的 1542 万元。

因此，应调增应纳税所得额 1542–1512=30（万元）

企业发生的与生产经营活动有关的业务招待费支出，按照发生额的 60% 扣除，但最高不得超过当年销售（营业）收入的 5‰。

销售（营业）收入的 5‰ 为（7500+2300+280）×5‰=50.4（万元）。

未取得合法票据的 20 万元业务招待费不得在税前扣除。

业务招待费发生额的 60%=（90–20）×60%=42 万元，小于销售（营业）收入的 5‰（50.4 万元）。

因此，准予在税前扣除的业务招待费为 42 万元。

应调增应纳税所得额 90–42=48（万元）。

综上，业务（4）应调增应纳税所得额 30+48=78（万元）。

（5）企业开展研发活动中实际发生的研发费用，未形成无形资产计入当期损益的，在按规定据实扣除的基础上，按照本年度实际发生额的50%，从本年度应纳税所得额中扣除；形成无形资产的，按照无形资产成本的150%在税前摊销。

因此，业务（5）应调减应纳税所得额为200×50%=100（万元）。

（6）业务（6）应扣缴的营业税税额为50×5%=2.5（万元）。

应扣缴的预提所得税税额为50×10%+1000×25%×10%=30（万元）。

（7）2012年应纳税所得额为1000+207.6−200+1+78−100=986.6（万元）。

因此，2012年应缴纳企业所得税额为986.6×25%=246.65（万元）。

致谢

注册会计师考试是国内最权威、影响力最广泛、难度也是最大的全国统一考试之一。为了帮助大家更加方便和有效地应考，我们编写了这套真题解析。在过去的基础上，我们又增加了 2017 年考试真题及解析，更加突出针对性练习。

这套真题解析用于考前几个月的最后冲刺。CPA 考试涉及的知识点很多，不仅需要牢记，更需要融会贯通，建立自己完整的知识构架，理清各知识点之间的内在关系，并自如地付诸实践运用，而不是一味背书式的机械记忆，同时特别考验运用的熟练度。在最后应考复习时尤其需要突出难点和重点，努力更有效地多抓分，不丢分，确保成功过线。

参加本套试题解析编写的有欧阳慧、张燕、白庆涛、佘洪发、李彩英、张齐月、李雁玲、袁代银、徐建昆、岳广春、佟明立、夏胜科、胡茂良、邹福胜、夏科文、吴火平、谷长红，另外崔爱廷、王礼应、刘奎东、蔡声鹤、胡从洲、董云雄、周小华、寇鲜红、杨昌军、夏世炎、邹金球等也为本套丛书编写等工作给予了大量支持，做出了自己的贡献。

在此一并致谢！

编者

2017 年 12 月